Applic.

be

client

Elohor Oghens-Ogedegbe

Application d'une gestion efficace de la relation client

pour améliorer la croissance des revenus de Zenith Bank

Cover image: www.ingimage.com

This book is a translation from the original published under ISBN 978-620-7-45580-5.

Publisher:
Sciencia Scripts
is a trademark of
Dodo Books Indian Ocean Ltd. and OmniScriptum S.R.L publishing group

120 High Road, East Finchley, London, N2 9ED, United Kingdom
Str. Armeneasca 28/1, office 1, Chisinau MD-2012, Republic of Moldova, Europe

ISBN: 978-620-4-61123-5

Remerciements

Je tiens à remercier les personnes suivantes, sans lesquelles je n'aurais pas été en mesure de mener à bien cette recherche et d'obtenir mon diplôme de master.

Je remercie le Seigneur tout-puissant pour sa grâce, sa sagesse et sa force pendant cette période, qui m'ont permis de terminer mon programme MBA avec succès.

Je suis particulièrement reconnaissant à mon directeur de thèse, le professeur Ayotunde Adebayo, dont la perspicacité et les connaissances en la matière m'ont guidé tout au long de ce travail de recherche.

Lere Baale, Mme Morenike Adeyeye et l'ensemble du personnel de la Business School Netherland, Nigeria, pour leurs conseils pratiques, leur orientation et leur soutien. Je remercie mon conseiller pour son soutien et ses encouragements.

Les mots me manquent pour exprimer ma gratitude à mes collègues et aux responsables de la Zenith Bank pour leur patience et leur compréhension tout au long de ce projet. Leur soutien a largement contribué à l'achèvement de l'étude. À tous les membres de ma famille, j'apprécie votre amour.

J'apprécie tous les membres de la faculté de BSN. Vous êtes tous merveilleux. À Juanita Bower et Yvette Baker, je suis reconnaissante pour tout le soutien que vous m'avez apporté. Un grand merci à mon mari et à mes enfants. À vous tous, je dis un grand merci.

Table des matières

Résumé

L'objectif principal de toute entreprise est de créer des clients, car la satisfaction et la confiance des clients se traduiront par des achats répétés pour l'entreprise, ce qui améliorera ses performances organisationnelles. Les clients sont extrêmement attentifs aux prix, plus intelligents, moins indulgents et plus exigeants. Le défi consiste donc à produire des clients loyaux et ravis qui, s'ils sont conservés au sein de l'organisation, s'avèrent vraiment rentables et deviennent finalement des ambassadeurs de l'organisation. De nombreuses organisations se rendent compte qu'il n'est pas toujours facile pour la concurrence de reproduire les aspects intangibles d'une relation, ce qui leur confère un avantage concurrentiel unique. La Zenith Bank est confrontée à un problème majeur de perte de clientèle. La banque a fait de la "passion pour les clients" l'une de ses valeurs fondamentales, mais cela ne semble pas être le cas car le personnel de l'organisation ne se préoccupe pas outre mesure de la satisfaction, de la fidélité et de la rétention des clients. Les relations avec les clients en sont encore au niveau transactionnel et les responsables ne semblent pas pressés de passer à un niveau relationnel, même face à un secteur bancaire apparemment compétitif. L'étude visait à déterminer comment l'application d'une stratégie de gestion des relations avec la clientèle pourrait renforcer la croissance de la Zenith Bank en vue de gagner des parts de marché et de réaliser des bénéfices. Le modèle de recherche était une enquête descriptive. La taille de l'échantillon était de 578 personnes, dont 362 membres du personnel et 216 clients. Sur les 724 exemplaires du questionnaire (362 pour le CRMQFS et 362 pour le DFSDIBQ) envoyés au personnel, seuls 345 ont été renvoyés, entièrement remplis et donc utilisés pour l'analyse. Les techniques d'échantillonnage étaient l'échantillonnage stratifié et proportionnel pour le personnel et l'échantillonnage raisonné pour les clients. Pour les clients, sur les 216 exemplaires du questionnaire CRMQFHNWC, seuls 203 exemplaires ont été entièrement remplis et donc utilisés pour l'analyse. La collecte et l'analyse des données ont porté sur la gestion efficace des relations avec la clientèle au sein de la Zenith Bank. Les résultats ont montré que la gestion des relations avec la clientèle de la banque est légèrement défectueuse et nécessite une attention urgente pour y remédier. Afin de répondre pleinement aux objectifs de cette recherche, trois options ont été soulevées par le chercheur pour une évaluation possible - l'outil de matrice de décision a été utilisé pour sélectionner la meilleure option à mettre en œuvre. L'application de la stratégie de différenciation est

3

considérée comme l'option la plus appropriée pour la Zenith Bank. Un plan de mise en œuvre structuré pour l'application de la stratégie de différenciation a été recommandé.

Mots-clés : Gestion des relations avec la clientèle, fidélisation de la clientèle, satisfaction de la clientèle, différenciation.

CHAPITRE UN
INTRODUCTION

1.1 Contexte de l'étude

Le but ou l'objectif principal de toute entreprise est de créer des clients, car la satisfaction et la confiance des clients se traduiront par des achats répétés pour l'entreprise, ce qui améliorera ses performances organisationnelles (Adiyanto, 2021). Les clients d'aujourd'hui sont considérés comme des rois et il devient de plus en plus difficile de les satisfaire. Ils sont extrêmement attentifs aux prix, plus intelligents, moins indulgents et plus exigeants. Ils ont de nombreux autres concurrents à leur disposition avec des offres de produits/services égales ou supérieures. La tâche actuelle n'est pas exactement de produire des clients satisfaits puisque de nombreux concurrents peuvent facilement le faire. Le défi consiste donc à produire des clients loyaux et ravis qui, s'ils sont conservés au sein de l'organisation, s'avèrent vraiment rentables et deviennent finalement des ambassadeurs de l'organisation. Les entreprises sont de plus en plus nombreuses à apprécier la valeur de l'établissement de relations étroites avec les clients comme moyen d'accroître la fidélisation (Unnikrishnan & Johnson, 2012). De nombreuses organisations se rendent compte qu'il n'est pas toujours facile pour la concurrence de reproduire les aspects intangibles d'une relation, ce qui leur confère un avantage concurrentiel unique. La Zenith Bank est confrontée à un problème majeur d'attrition de la clientèle. La banque a fait de la "passion pour les clients" l'une de ses valeurs fondamentales, mais cela ne semble pas être le cas car le personnel de l'organisation ne se préoccupe pas outre mesure de la satisfaction, de la fidélité et de la rétention des clients. Les relations avec les clients en sont encore au niveau transactionnel et les dirigeants ne semblent pas pressés de passer à un niveau relationnel, même face à un secteur bancaire apparemment compétitif. La direction de la Zenith Bank est vraiment soucieuse d'avoir un impact sur le secteur bancaire nigérian. Elle a compris que la réduction continue des prix n'est pas la solution, car elle affecte considérablement la marge et risque de ne pas produire la part de marché escomptée. La direction se pose des questions telles que : "Quelles idées et stratégies peuvent être utilisées pour lutter efficacement contre la concurrence sans s'engager dans une guerre des prix ? Comment la Zenith Bank peut-elle se différencier sur son marché cible de manière à ce que les clients soient désireux d'expérimenter ses services

? Comment la banque peut-elle conserver ses clients à vie ? Comment réduire de manière significative le taux d'attrition des clients grâce à la gestion des relations ? Le chercheur a identifié ces questions comme un besoin majeur de la banque et a décidé de mener cette recherche dans le but de réduire le taux d'attrition de la clientèle et l'inactivité des comptes.

1.1.1 Historique de l'entreprise

Zenith Bank Plc (une banque commerciale au Nigeria) a été enregistrée au Nigeria en mai 1990. La banque a commencé ses activités en juillet 1990 en tant que banque commerciale. D'abord société privée à responsabilité limitée, elle est devenue une société publique à responsabilité limitée en juin 2004. La Banque a été cotée à la Bourse du Nigeria (NSE) en octobre 2004, après une première offre publique réussie. La Banque compte actuellement environ un million d'actionnaires. Elle est également cotée à la Bourse de Londres (LSE), où elle a introduit avec succès des actions d'une valeur de 850 millions de dollars à 6,80 dollars chacune. La Banque s'est développée au fil des ans, avec des opérations réussies au cours de la période.

La Zenith Bank a son siège à Lagos, au Nigeria, et au moins une succursale dans tous les États du pays et dans le Territoire de la capitale fédérale. La banque possède plus de 500 succursales et bureaux d'affaires dans les centres commerciaux du Nigeria. La Banque possède des filiales bancaires au Ghana - Zenith Bank (Ghana) Limited ; en Sierra Leone - Zenith Bank (Sierra Leone) Limited et en Gambie - Zenith Bank (Gambia) Limited. La Banque possède un bureau de représentation en République populaire de Chine. Elle prévoit également d'étendre la marque Zenith à d'autres marchés africains, européens et asiatiques dans un avenir proche.

La Banque possède une filiale à 100 % au Royaume-Uni et a obtenu une licence de la Financial Services Authority (FSA) du Royaume-Uni en 2007 pour créer Zenith Bank (UK) Limited.

Zenith Bank Plc est un leader du marché de la banque numérique dans le pays ; elle se classe au premier rang des organisations du pays en ce qui concerne le développement et le déploiement d'une solide infrastructure d'information/communication et de commerce électronique pour concevoir et développer des produits et des services qui répondent aux besoins de ses clients existants et potentiels. Les besoins des clients sont un facteur clé dans la conception, le développement et le déploiement des produits.

Zenith Bank est sans conteste un leader du marché dans la conception, le développement et le déploiement de divers canaux de banque en ligne. La marque de la banque est devenue synonyme de déploiement de technologies robustes et de pointe dans le secteur bancaire. Veillant au strict respect des meilleures pratiques et de l'éthique au niveau mondial, ainsi qu'à une solide culture de l'excellence, la banque allie service à la clientèle, vision, expertise et technologie de pointe pour concevoir et créer des produits et des services qui anticipent et répondent aux désirs/attentes de ses clients, accroissent leur richesse et créent de la valeur pour ses parties prenantes.

Zenith Bank Plc, fondée par Jim Ovia (actuellement président de la banque) en mai 1990, s'est développée au fil des ans pour devenir l'une des institutions financières les plus importantes, les plus rentables et les plus performantes du Nigeria et d'Afrique. La Banque se classe actuellement parmi les deux premières banques les plus importantes et les plus rentables du Nigeria et la sixième banque d'Afrique. La Banque a augmenté ses fonds propres de 20 millions de nairas en 1990 à 871 milliards de nairas en septembre 2019. La Banque continue de prospérer grâce à sa solide culture d'entreprise fondée sur le professionnalisme, l'excellence du service à la clientèle, la loyauté des clients et l'équité entre les succursales, ainsi que sur des valeurs fortes. Ce sont les fondements sur lesquels la Banque a été créée.

Zenith Bank Plc a été créée en mai 1990 et a commencé ses activités en juillet 1990 en tant que banque commerciale. La banque est devenue une société cotée en bourse le 17 juin 2004 et a été introduite à la Bourse du Nigeria (NSE) le 21 octobre 2004. Avec un million d'actionnaires, la Zenith Bank est actuellement la plus grande banque du Nigeria en termes de capital de niveau 1. La banque est également cotée à la Bourse de Londres (LSE). Selon ses états financiers non audités sur 9 (neuf) mois, clos le 30 septembre 2019, le bénéfice brut de la Banque s'est élevé à 491 milliards de N, contre 414 milliards de N l'année précédente. Le bénéfice avant impôt et le bénéfice après impôt s'élevaient respectivement à 176 milliards de N et 150 milliards de N. Les dépôts des clients se sont élevés à 3,95 milliards de nairas, contre 3,27 milliards de nairas l'année précédente. Le total des actifs de la banque s'élevait à 5,97 milliards de nairas, contre 5,61 milliards de nairas l'année précédente. Le total des fonds des actionnaires s'élevait à N871 milliards en septembre 2019.

En adoptant la licence de banque commerciale auprès d'une organisation internationale, la Zenith Bank continuera à fournir ses services bancaires de base et des services financiers spécialisés tels que la gestion des pensions. La banque a interrompu ses services dans les domaines de l'assurance, du marché des capitaux, de la tutelle, de l'enregistrement, de l'hypothèque, du conseil financier et d'autres services bancaires non essentiels.

Les activités principales de la Zenith Bank sont les suivantes

- Banque de financement et d'investissement
- Services bancaires aux entreprises et aux particuliers
- Banque des particuliers et banque privée
- Services commerciaux et devises
- Services de trésorerie et de gestion des liquidités
- Autres services financiers non bancaires, principalement par l'intermédiaire de filiales

1.1.2 Contexte du problème

Abu Aliqah (2012) a déclaré que la décision stratégique critique à laquelle est confrontée une entreprise ne porte pas sur ce qu'elle doit produire. Il s'agit plutôt de savoir comment l'entreprise différencie ses offres de celles de ses concurrents. Une décision doit également être prise sur la manière dont les offres répondront aux besoins du marché et sur les compétences de l'entreprise qui devront être mises en œuvre pour atteindre cet objectif. Une autre question est de savoir si une stratégie de différenciation des entreprises doit envisager l'exploitation des opportunités actuelles ou l'exploration de nouvelles opportunités (Amoako-Gyampah & Acquaah, 2008). À court terme, l'exploitation peut apporter des avantages à l'entreprise, mais à long terme, l'exploration de nouvelles opportunités crée ce que l'on peut appeler un avantage concurrentiel à long terme. La stratégie commerciale adoptée par une organisation doit donc chercher à résoudre la question du choix entre l'exploitation à court terme des opportunités actuelles et l'exploration à long terme de nouvelles opportunités (Acquaah & Yasai-Ardekani, 2008).

La réalisation des objectifs organisationnels dépend de l'efficacité de l'organisation et de sa capacité à répondre aux exigences et aux besoins des clients au moment opportun. Les activités de marketing des organisations visent à identifier et à répondre aux demandes des clients. C'est pourquoi une organisation doit analyser ses opérations et veiller à créer un avantage concurrentiel dans le but de surpasser ses rivaux. La recherche de solutions innovantes répondant aux exigences des clients s'est intensifiée au fil des ans, augmentant ainsi le niveau de concurrence dans l'environnement commercial mondial. Il est primordial que les organisations soient suffisamment flexibles pour répondre aux besoins des clients, car c'est l'un des principaux moyens d'assurer leur satisfaction et de les fidéliser. En outre, la nécessité d'améliorer les processus opérationnels s'est accrue en raison de la recherche d'une plus grande efficacité, car cela influe étroitement sur la capacité à répondre aux demandes du marché. Le secteur bancaire nigérian a pris une nouvelle dimension avec l'apparition de nouvelles entreprises, l'augmentation du nombre de produits disponibles et la possibilité pour les clients de choisir librement parmi une variété d'offres de produits. Les banques nigérianes sont désormais confrontées au défi de la fidélisation des clients et de l'augmentation de leur part de marché à tout prix. Ces défis ont mis à rude épreuve les entreprises et, par conséquent, des stratégies sont développées pour répondre aux défis croissants des entreprises. Compte tenu de ce qui précède, l'adoption d'une stratégie efficace de gestion des relations avec la clientèle qui permettra de différencier les produits et les services de la Zenith Bank fera l'objet d'une analyse approfondie dans le présent document.

1.2 Énoncé du problème

La concurrence acharnée et l'environnement commercial incertain dans le secteur bancaire nigérian ont exercé une pression économique sur la Zenith Bank, affectant ainsi la croissance des revenus en termes de part de marché et de rentabilité.

1.3 Objectif de l'étude

L'étude visait à déterminer comment l'application d'une stratégie de gestion des relations avec la clientèle pouvait améliorer la croissance des revenus de la Zenith Bank.

1.4 Objectifs de la recherche

Compte tenu du projet à l'étude, une série d'objectifs a été élaborée. Ces objectifs sont énumérés ci-dessous :

1) Déterminer le point de vue du personnel de la Zenith Bank sur ses produits et l'adoption d'une stratégie de gestion des relations avec la clientèle et son effet sur la croissance des revenus

2) Déterminer l'opinion des clients de la Zenith Bank sur ses produits et l'adoption d'une stratégie de gestion des relations avec la clientèle.

3) Déterminer les différentiateurs de produits/services susceptibles d'améliorer la gestion des relations avec la clientèle au sein de la Zenith Bank.

1.5 Questions de recherche

Suite aux objectifs de recherche énoncés ci-dessus, une série de questions de recherche a été élaborée. Ces questions sont énoncées ci-dessous :

1) Déterminer le point de vue du personnel de la Zenith Bank sur ses produits et l'adoption d'une stratégie de gestion des relations avec la clientèle et son effet sur la croissance des revenus

2) Déterminer l'opinion des clients de la Zenith Bank sur ses produits et l'adoption d'une stratégie de gestion des relations avec la clientèle.

3) Déterminer les différentiateurs de produits/services susceptibles d'améliorer la gestion des relations avec la clientèle au sein de la Zenith Bank

1.6 Cadre théorique

Trois cadres théoriques ont été utilisés pour l'étude. Le premier est le cadre de la fidélisation des clients du Loyalty Research Centre (LRC) (2014), le deuxième est le modèle de gestion de la relation client de Winer (2001) et le troisième est le cadre des stratégies génériques de Porter de Porter (1985).

1.6.1 Cadre de la fidélisation de la clientèle

Un cadre théorique sur la fidélisation de la clientèle a été élaboré par le Loyalty Research Centre en 2014. Ce cadre élaboré par ce groupe de professionnels réputés a été utilisé dans le présent document. Le cadre se concentre sur les interactions quotidiennes (basées sur les perceptions des clients) entre le client et l'organisation. On s'attend à ce que ces interactions déterminent la perception globale de l'organisation et conduisent ainsi à des attitudes et à des comportements de loyauté.

Figure 1.1 Cadre de la fidélisation de la clientèle. **Source** (LRC, 2014)

Ce document se concentre sur un cadre pertinent qui aiderait à fidéliser la clientèle en vue de stimuler la croissance du chiffre d'affaires de l'organisation. L'application du cadre susmentionné à une organisation nécessiterait la décomposition des relations avec les clients en plusieurs segments. Ces segments commencent par les activités quotidiennes et se terminent par les comportements cruciaux qui affectent la fidélité des clients (LRC, 2014). Afin d'identifier les actions significatives à entreprendre dans la gestion de la fidélisation de la clientèle, il est important pour une organisation de comprendre comment les clients individuels perçoivent la performance de la fourniture de produits et de services par l'organisation. Le cadre présenté ci-dessus indique les expériences, les comportements et les interactions qui influencent considérablement la réussite d'une organisation (LRC, 2014).

1.6.2 Modèle de gestion de la relation client de Winer (2001)
Le cadre utilisé dans cette recherche a été développé par Winer (2001). Le cadre de gestion de la relation client développé par ce chercheur permet de se concentrer sur la rétention des clients et de s'assurer de leur fidélité, ce qui permet de faire des affaires répétées et donc d'augmenter les ventes. Cette recherche se concentre sur l'importance de la mise en œuvre d'un cadre CRM efficace au sein de la Zenith Bank dans le but d'améliorer les relations avec les clients, d'améliorer le service rendu aux clients et

d'assurer l'acquisition et la fidélisation des clients, ce qui permet d'obtenir des affaires répétées.

Figure 1.2 Modèle de gestion de la relation client. **Source** (Winer, 2001)

Le terme de gestion de la relation client (CRM) a attiré l'attention des entreprises du monde entier. Les grandes organisations commencent à élaborer des stratégies axées sur la création d'un excellent service à la clientèle. Ces organisations adoptent également des outils et des techniques qui contribuent à une gestion efficace de la relation client. Dans le but de comprendre pleinement les comportements des clients, les entreprises commencent à considérer la gestion des relations avec la clientèle comme un élément crucial de leur réussite (Winer, 2001).

À notre époque, la technologie a changé la manière dont les organisations établissent des relations avec leurs clients et, en tant que telle, cette évolution a entraîné l'intégration complète des unités commerciales telles que les ventes, le marketing et le service à la clientèle. Par conséquent, pour les praticiens, la gestion de la relation client est une approche innovante qui permet de comprendre en profondeur le comportement d'un client et de développer ainsi des stratégies qui contribueront à encourager la relation entre le client et l'organisation (Lakshmi, 2020).

1.6.3 Stratégies génériques de Porter

La mise en œuvre des stratégies génériques de Porter a été utilisée comme cadre de base pour cette étude. Cette structure, élaborée en 1985, permet à une organisation d'obtenir un avantage concurrentiel grâce à ses initiatives stratégiques. Le cadre met l'accent sur trois initiatives stratégiques clés, à savoir la différenciation, le leadership en matière de coûts et la stratégie de focalisation. L'utilisation de cette stratégie à la Zenith Bank est orientée vers la réalisation de la croissance de l'entreprise en termes de génération de revenus, d'amélioration des flux de trésorerie, d'amélioration de la capacité organisationnelle et de réalisation d'un avantage concurrentiel.

Tableau 1.1 Stratégies génériques de Porter

Cost leadership	Type 1:	Low Cost - Strategy	It offers products or services to a wide range of customers at the lowest Price available on the market.	Targets a large market
	Type 2:	Best Value-Strategy	It offers products or services to a wide range of costumers at the best Price value available on the market; the best value strategy aims to offer customers a range of products or services at the lowest Price available compared to a rival's products with similar attributes	
Differentiation	Type 3:	Differentiation	Strategy aimed at producing products services considered unique industry wide and directed at consumers who are relatively Price insensitive	
Focus	Type 4:	Focus- Low Cost	It offers products or services to a small range (niche group) of customers at the lowest Price available on the market	Targets a small market. Full the needs of small groups of consumers
	Type 5:	Focus –Best value	It offers products or services to a small range of customers at the best price-value available on the market. Sometimes called focused differentiation.	

Source : https://refreshbreeze.weebly.com/48-michael-porters-5-generic-strategies.html. Consulté le 25/04/2022

1.7 Importance de l'étude

Cette étude sera bénéfique à l'ensemble de l'organisation, mais plus particulièrement à l'équipe de direction, aux services comptables et financiers, au marketing et aux opérations de la banque. L'étude améliorera la gestion des relations avec les clients et l'efficacité de l'organisation, améliorant ainsi les performances globales de la banque puisque les marges deviennent de plus en plus positives lorsque les recommandations sont mises en œuvre. De même, d'autres banques et institutions financières opérant dans un espace similaire peuvent en bénéficier.

1.8 Limites de l'étude

Le parti pris de l'étude est que le chercheur participe à la recherche actuelle, qui n'a porté que sur la gestion efficace des relations avec la clientèle au sein de la Zenith Bank, en se concentrant principalement sur la croissance des revenus et l'efficacité de l'organisation.

1.9 Champ d'application et délimitation

L'univers de la population du personnel de la Zenith Bank au Nigeria est de 6337 personnes. L'étude ne couvre pas les autres banques du Nigeria.

1.10 Méthodologie de recherche

1.10.1 Conception de la recherche

La conception de la recherche est la méthode quantitative par l'utilisation d'un questionnaire élaboré par le chercheur. La base de la conception de l'enquête réside dans son efficacité à faire ressortir l'opinion des répondants dans l'étude (Zikmund, 1998). Cette approche quantitative est utilisée pour la structure des questionnaires sur la gestion des relations avec les clients et le personnel.

1.10.2 Instrument de recherche

Les deux instruments de recherche utilisés ont été spécifiquement conçus par le chercheur et utilisés pour sonder le personnel et les clients de la banque sur la gestion des relations avec la clientèle. Pour le personnel, 19 questions soigneusement élaborées ont été conçues pour l'enquête auprès du personnel, tandis que le questionnaire de l'enquête auprès des clients contenait 14 questions. Le chercheur a utilisé une échelle de Likert de un (1) à quatre (4) pour concevoir les deux questionnaires utilisés dans cette étude. Les clients et le personnel sont des parties prenantes essentielles dont les opinions sur le sujet de la recherche sont importantes pour fournir des réponses utiles à l'analyse.

1.10.3 Cadre d'échantillonnage

Deux échantillons ont été utilisés pour l'étude, à savoir le personnel et les clients fortunés de la banque dont le solde annuel du compte s'élève à 20 milliards de nairas. L'univers de la population du personnel de la Zenith Bank au Nigeria est de 6 337 personnes, qui constituent la population cible. La répartition de la population est la suivante :

- Personnel d'encadrement   - 72
- Effectif moyen   - 283
- Personnel subalterne   - 5982
  Total   - 6,337

La taille de l'échantillon de 362 est obtenue à partir de la population cible de 6337 en utilisant le calculateur de taille d'échantillon à un niveau de confiance de 95% et un intervalle de confiance de 5. Tous les membres de l'échantillon sont des employés de la Zenith Bank. Par essence, la technique d'échantillonnage est un échantillonnage aléatoire simple, qui sera adopté pour la collecte et l'analyse des données quantitatives. La taille de l'échantillon pour les clients fortunés est de 216 personnes qui ont été sélectionnées à dessein pour l'étude.

1.10.4 Capture et analyse des données

Dans cette étude, le chercheur adopte une méthode de recherche déductive avec une orientation quantitative. Sur la base de cette approche de recherche, l'utilisation de questionnaires est adoptée pour aider à recueillir des données auprès du personnel de la Zenith Bank concernant l'état actuel de la gestion efficace des relations avec la clientèle au sein de la banque. Le chercheur a utilisé une échelle de Likert de un (1) à quatre (4) pour concevoir les deux questionnaires utilisés dans cette étude. Les questionnaires ont été créés pour recueillir des données auprès des clients fortunés et du personnel de la Zenith Bank. Ces questionnaires ont été alignés sur les trois objectifs de recherche définis dans le premier chapitre de ce document. Les données recueillies dans le cadre de cette étude ont été analysées à l'aide de la méthode de tabulation des données. Cette méthode vise à présenter les données recueillies auprès du personnel et des clients de la Zenith Bank sous forme de tableau, ce qui permet au chercheur d'identifier les tendances sur la base de la distribution de la fréquence des répondants à chaque question.

1.11 Structure de la dissertation

Cette thèse est structurée en sept chapitres. Ce chapitre présente le contexte de l'étude. Il présente également les objectifs de l'étude et son importance, ainsi que le plan de recherche. Dans le chapitre suivant, le chercheur a passé en revue la littérature pertinente sur les deux variables des objectifs de cette étude et sur le cadre théorique sur lequel cette étude est basée. Le chapitre 3 décrit en détail la méthodologie et la conception de la recherche adoptées pour atteindre les objectifs de l'étude. Au chapitre 4, le chercheur a présenté les analyses des données collectées dans le cadre de l'étude sur le terrain. Il a également montré les interprétations des résultats par les chercheurs. Au chapitre 5, le chercheur a présenté diverses options réalisables et a tiré des conclusions de l'étude, tout en formulant des recommandations. Le chapitre 6 présente la mise en œuvre de l'option choisie, la mise en œuvre d'une gestion efficace des relations avec la clientèle et les défis anticipés dans le processus de mise en œuvre, et le chapitre 7 est basé sur les réflexions du chercheur.

1.12 Définition des termes

Dans le document, certains termes ont été opérationnalisés pour décrire des phénomènes et des concepts particuliers - et à ce titre, ces termes doivent être définis de manière efficace.

- **Le produit :** Il s'agit des biens et services disponibles à la vente. Dans le cas de la Zenith Bank, il s'agit du service bancaire offert à ses clients.
- **L'organisation :** Zenith Bank Plc, l'organisation qui sert d'étude de cas pour cette recherche et l'entreprise où travaille le chercheur.
- **La banque :** Il s'agit des services rendus par les banques
- **Banque :** Il s'agit de l'emplacement physique où les banques offrent leurs services.
- **Les opérations :** Il s'agit des activités liées à la prestation de services bancaires.
- **Gestion des relations avec la clientèle :** Il s'agit de stratégies utilisées par les entreprises pour gérer l'interaction et l'engagement entre l'entreprise et ses clients.
- **La fidélisation de la clientèle :** Il s'agit de la capacité d'une entreprise à réduire le taux de défection des clients.

16

- **Satisfaction du client : Il s**'agit d'une mesure de la manière dont les produits d'une entreprise répondent ou dépassent les attentes des clients.

1.13 Conclusion

Le premier chapitre fournit des informations sur le contexte de l'étude. Il présente également les objectifs et l'importance de l'étude et fournit un résumé du contenu de la recherche. Le chapitre suivant passe en revue la littérature pertinente sur les différents éléments des variables de la recherche.

CHAPITRE DEUX
ANALYSE DOCUMENTAIRE

2.1 Introduction

Ce chapitre passe en revue la littérature sur la gestion des relations avec la clientèle et la différenciation des produits/services. L'accent est mis sur le concept de gestion des relations avec la clientèle, les facteurs cruciaux qui influencent la gestion des relations avec la clientèle (personnes, processus et technologie) et l'analyse de la clientèle. Un autre domaine d'intérêt est basé sur le travail effectué par Porter (1985) en ce qui concerne ses stratégies génériques pour l'avantage concurrentiel. D'autres recherches menées par Payne et Frow (2006), qui ont permis d'identifier les pratiques stratégiques relatives à la stratégie générique de Porter, ont également été utilisées. L'étude a également pris acte des travaux de Johnson et al. (2008), qui ont utilisé la stratégie générique pour élaborer une stratégie générique orientée vers le marché, afin de réduire la confusion entre le leadership en matière de coûts de Porter et les prix bas, en appliquant l'horloge stratégique élaborée par Bowman en 1995 (Choudhury & Harrigan, 2014). Le chercheur a acquis davantage de connaissances sur le concept d'avantage concurrentiel, les diverses stratégies qui peuvent être employées pour avoir et maintenir un avantage concurrentiel, et dans quelle mesure le leadership sur le marché est affecté par la possession d'un avantage concurrentiel.

2.2 Le concept de gestion des relations avec la clientèle

Selon Dadzie (2017), à tous les niveaux de l'organisation, le marketing est une ère essentielle en raison du développement récent et des exigences de la nouvelle ère. Par conséquent, sans marketing, aucune organisation ne peut atteindre ses objectifs. Ce qui pousse les organisations à trouver de nouvelles méthodes pour améliorer leurs relations avec les clients ? Ainsi, la direction de l'organisation en général et les banques dans des cas exceptionnels doivent adopter la gestion de la relation client, établir des relations à long terme avec les clients, ne pas les perdre et leur donner le sentiment qu'ils appartiennent à l'organisation. L'application de ces principes, en réalité, permettrait d'obtenir des avantages concurrentiels (Das & Ravi, 2021). Par conséquent, les études et recherches sur le terrain qui analysent l'état de certaines organisations bancaires au Nigeria sont l'un des moyens fondamentaux de les développer et de les maintenir pour atteindre les objectifs de développement. Cette section vise à explorer le rôle de la gestion de la relation client dans l'obtention d'un avantage concurrentiel. Elle étudie également un secteur vital représenté par plusieurs organisations bancaires qui sont considérées comme l'un des principaux piliers de l'économie nationale nigériane.

L'étude de Dhingra et Dhingra (2013) indique que l'application de la gestion des relations avec les clients permettrait d'atteindre les objectifs suivants : La réalisation d'une qualité élevée qui satisfait les besoins des clients, la capacité d'organiser et d'investir les ressources des organisations d'une meilleure manière, qui atteint des taux de productivité plus excellents, où, à travers la gestion des relations avec les clients, il est possible d'automatiser les tâches qui ont été complétées manuellement dans le passé.

Butt (2021) a indiqué les objectifs suivants : Augmenter les ventes en collectant des informations sur les clients et en les conservant le plus longtemps possible, engendrer des taux de réussite élevés en raison de la capacité à se retirer rapidement des affaires non rentables, et satisfaire les clients en répondant à leurs besoins et à leurs désirs.

Recueillir des informations détaillées sur les clients en procédant comme suit : Analyser leurs données. Acquérir de nouveaux clients. Améliorer les techniques de gestion des relations avec les clients. Présenter des services sécurisés. Dans les relations avec les clients, la réponse exceptionnelle aux besoins des clients et l'amélioration des canaux de distribution permettent à l'organisation d'être plus efficace et de présenter les produits en fonction de la demande. La valeur client est obtenue par les moyens suivants : maintien de la clientèle, augmentation des bénéfices, amélioration et soutien des services à la clientèle et création d'une communauté virtuelle.

Cavallone et Modina (2013) estiment qu'il est essentiel de se concentrer sur le processus de communication avec les clients. Il a indiqué que la gestion des relations avec les clients permet d'atteindre les objectifs suivants : - Améliorer les processus de communication avec les principaux clients, fournir à chaque client une offre appropriée, fournir les offres sur mesure pour chaque client à travers les canaux de distribution appropriés des banques, et présenter les offres appropriées pour chaque client dans le temps approprié.

Elena (2016) s'est intéressée à la réduction du coût du service et à l'augmentation des bénéfices en utilisant les informations des clients des banques pour réduire les coûts, le service, les bénéfices et la prestation de services en trouvant et en utilisant les informations de manière efficace. Tous les aspects de l'organisation aideront l'organisation à apporter de la joie et du plaisir dans le cœur des clients des banques grâce à l'intérêt des clients et à la gestion de leurs informations par l'organisation, ce qui améliorera la satisfaction des clients des banques et augmentera la fidélité des clients, et en utilisant des canaux de communication uniques avec eux.

Farmania, Elsyah et Tuori (2021) ont cherché à connaître l'impact d'une marque sur la formation de l'image mentale ou des photographies des clients du secteur bancaire en Jordanie. L'étude est arrivée à l'impact de la marque représentée par (style, conception, production, et slogan) information de l'image mentale ou des photographies représentées par (préférence, fiabilité, réputation et qualité, différenciation par rapport aux concurrents) chez les clients des banques au Nigeria. À la lumière des résultats, les chercheurs ont recommandé que les directions des banques lancent des campagnes de promotion publicitaire fortes, grâce auxquelles les clients se souviendront de leurs marques, et que les banques présentent des services de grande valeur et différencient leurs produits qui détiennent leurs marques des services concurrents sur le marché.

Selon Freeman (2012), la connaissance du rôle de la conception et de la production du slogan peut créer une émotion ou un lien particulier chez le client vis-à-vis de la publicité télévisée et de la formation de l'image mentale. L'étude a été menée en comparant la conception, la production et le slogan de deux entreprises, à savoir Apple et IBM. L'étude a conclu qu'une bonne conception et production du slogan influençait positivement les membres de l'échantillon sur le plan émotionnel ; l'étude a également souligné que cela conduisait à l'augmentation de la corrélation des membres de l'échantillon avec la marque et augmentait leur loyauté envers elle.

La gestion des relations avec la clientèle est considérée comme une stratégie globale visant à attirer un groupe de clients et à les fidéliser afin de créer de la valeur pour l'organisation (Ghalenooie, & Sarvestani, 2016). Il s'agit également d'un groupe d'outils, de techniques et de processus utilisés pour acquérir et développer une relation avec des clients rentables (Hajikhani, Tabibi & Riahi, 2016). La gestion des relations avec la clientèle représente une vue d'ensemble de l'intégration du leadership interne, de la culture, de la structure organisationnelle, des processus d'entreprise et d'un système d'information, ainsi que des points de rencontre avec les clients externes (Grewal & Roggeveen, 2020). Selon Payne et Frow (2006), la GRC est considérée comme un système informatique utilisé par l'organisation pour stocker les informations relatives aux clients afin de leur présenter de nombreux produits en fonction de leurs demandes.

Hamakhan (2020) a indiqué que l'adoption de la gestion des relations avec les clients et l'établissement de relations à long terme avec eux pourraient apporter les avantages suivants à l'organisation :

1- Augmenter la possibilité de garder les clients et d'obtenir leur satisfaction comme résultat logique d'une réponse rapide.

2- Différencier les clients et se concentrer sur ceux qui peuvent obtenir des bénéfices selon la règle 20% - 80%.

3- Réduire les coûts de marketing au minimum.

4- Développer et construire une base de distribution de vente directe, où l'organisation peut réaliser les ventes.

5- Obtenir le meilleur retour sur investissement (ROI) en augmentant la taille de la vente et les bénéfices.

6- Faire en sorte que l'organisation réduise au minimum les coûts des biens et services en limitant les risques possibles dans ses relations avec les clients.

7- Le CRM représente une gestion essentielle pour la planification future en ce qui concerne la prévision des ventes et les différents services de marketing.

2.2.1 Gestion des relations avec la clientèle Objectifs

Les recherches menées par Hammoud, Bizri et El Baba (2018) ont révélé que le but du CRM est d'atteindre les objectifs suivants :

1. **Satisfaction du client :** La satisfaction du client est considérée comme le moyen essentiel de la gestion des relations avec la clientèle. L'objectif premier des nouvelles organisations est de satisfaire leurs clients, ce qui permet d'atteindre les objectifs d'autres organisations, tels que l'augmentation des ventes et la réalisation de bénéfices. La satisfaction est la preuve que les besoins et les désirs des clients ont été satisfaits et que l'organisation a réussi à fidéliser ses clients. C'est la première étape vers l'établissement d'une relation étroite avec les clients et leur maintien en tant que partenaires ou membres de l'organisation. La satisfaction des clients est également une

mesure essentielle de la performance de l'organisation et de ses services. La satisfaction des clients n'est pas un concept fixe, et de nombreux facteurs internes et externes peuvent être rapidement modifiés en fonction de la satisfaction des clients. En outre, ces facteurs comprennent la promotion, l'image mentale du produit, l'image mentale de l'organisation, la qualité, le prix, la distribution et les concurrents.

2. **La fidélité des clients :** Les organisations, par le biais de la gestion des relations avec leurs clients, visent à atteindre la satisfaction en premier lieu, puis viennent ensuite les satisfactions. La fidélisation de la clientèle est devenue un thème essentiel dans les petites et grandes entreprises en raison de sa grande importance dans l'amélioration des bénéfices et de la survie de l'entreprise, en particulier après la multiplicité des besoins et des désirs des clients. Dans une situation où les clients sont plus conscients de leurs exigences et de leurs besoins, les organisations doivent s'efforcer de créer une loyauté absolue et de réaliser le niveau de loyauté des clients afin d'obtenir une loyauté optimale. Cela implique une loyauté totale où les clients ne peuvent pas changer d'organisation (Feyen, Frost, Gambacorta, & Natarajan, 2021). La fidélité est la façon dont les clients choisissent souvent d'acheter des produits d'une catégorie spécifique en fonction de l'étiquette unique (Diffley & McCole, 2015). Les clients fidèles constituent le capital de l'organisation, car c'est grâce à eux que l'entreprise réalise des ventes importantes.

3. **Valeur des clients :** Selon Kotler et Keller (2012), la valeur des clients est généralement le montant attendu de la valeur dérivée par le client du produit ou du service prévu. Autrement, il s'agit du montant gagné par le client à la suite de l'échange du produit par le prix payé, et il est égal aux avantages moins le coût de la prise de décision (Kocoglu, 2012). Dans le même contexte, la valeur désigne le processus d'échange que les clients ont effectué entre ce qu'ils obtiennent du produit et son coût. Kotler et Armstrong (2008) affirment que le marketing a connu de nombreuses étapes au cours du XXe siècle. Il s'est concentré sur le marketing des consommateurs dans les années 1950, le marketing industriel dans les années 1960, le marketing dans les organisations à but non lucratif dans les années 1970, le marketing des services dans les années 1980 et les relations marketing dans les années 1990. L'étude de l'avenir du marketing a commencé au début du XXIe siècle (Khasawneh, & bu-Shanab, 2012). Certains chercheurs se sont intéressés au marketing relationnel en raison des facteurs suivants (Khan, Salamzadeh, Iqbal, & Yang, 2020) :

1. Le marketing touche de nombreux secteurs, y compris les marchés et les travailleurs des clients, les marchés d'importation, les marchés internes et les marchés qui influencent les marchés, tels que les marchés financiers et les marchés publics.

2. La nature de la relation avec le client n'est pas constante ; par conséquent, l'accent est mis sur la relation plutôt que sur la transaction (Khodakarami & Chan, 2014).

Plusieurs étapes peuvent être suivies dans le processus de développement de la clientèle. Il s'agit de convertir les clients potentiels, à travers différentes étapes, en défenseurs de l'organisation qui souhaitent convertir les clients en véritables clients de la première heure, puis les convertir en clients qui achètent de manière répétée. L'étape finale consiste à convertir les défenseurs en partenaires avec lesquels les clients et les organisations travaillent activement. Certains clients peuvent se tourner vers d'autres organisations pour des raisons telles que la non-satisfaction. Dans ce cas, l'organisation doit rembourser les stratégies de gain de ces clients, car il est plus facile de regagner des clients que d'en gagner de nouveaux. Les organisations d'aujourd'hui sont confrontées à des défis importants, allant de la difficulté à rester toujours à la pointe du progrès à la diffusion des technologies de l'information, en passant par l'apparition de l'ISO (organisation internationale de normalisation), l'accord commercial mondial et l'évolution constante des besoins et des désirs des clients. Par conséquent, les organisations doivent trouver des avantages concurrentiels permanents afin d'être les plus aptes à réaliser des revenus et des bénéfices en attirant les clients et en configurant leur stature mentale grâce à la production et à la livraison de produits présentant une excellente valeur ajoutée.

Il n'existe pas de définition particulière de la gestion de la relation client et, à ce titre, différents chercheurs ont défini ce terme en fonction de leur point de vue personnel sur la perception du concept. Les objectifs de la CRM sont les suivants (Jocovic, Melovic, Vatin & Murgul, 2014 ; Jobber, 2004 ; Winer, 2001) :

- La gestion de la relation client peut être décrite comme un "courrier électronique direct
- Un système qui facilite le traitement analytique en ligne des données des clients et la gestion des centres d'interaction avec la clientèle (CIC).
- Il s'agit de la personnalisation de produits et de services spécialement conçus pour répondre aux besoins et aux exigences des clients.

Les dirigeants d'organisations sont chargés de comprendre leurs clients individuels afin de recueillir des informations précieuses utilisées pour développer des produits qui contribueraient à encourager une relation mutuellement bénéfique entre le client et l'organisation. Winer (2001) suggère que ces informations sur le client peuvent être utilisées pour développer un cadre complet de gestion de la relation client comprenant sept étapes. Ces étapes sont les suivantes (Winer, 2001) :

- La création d'une base de données pour les activités des clients
- L'analyse pratique de la base de données
- Sur la base de l'analyse, la décision concernant le client à cibler est en train d'être prise.
- Outils et techniques pour cibler le client
- les moyens d'établir et d'entretenir des relations avec les clients ciblés
- La question de la vie privée
- Outils utilisés pour mesurer le succès du programme de gestion de la relation client

2.2.2 Création d'une base de données

La première étape de la mise en place d'une solution de gestion de la relation client au sein d'une organisation consiste à développer une base de données clients (Jobber, 2004). Il s'agit de la plate-forme de base sur laquelle repose toute solution de gestion de la relation client. Pour les organisations dont les activités sont basées sur le web, le développement d'une base de données est assez facile puisque les détails de la transaction du client sont recueillis au cours du processus d'interaction avec les clients (Winer, 2001). Toutefois, pour les organisations qui n'ont pas acquis beaucoup d'informations sur leurs clients, la construction de la base de données impliquerait la collecte de données à partir de sources internes

Une base de données idéale devrait contenir les éléments suivants (Winer, 2001) :

- les contacts avec les clients, tels que les adresses, les numéros de téléphone et les journaux d'appels passés à ces clients.
- Les détails des transactions des clients doivent être inclus dans la base de données.
- La base de données doit contenir des informations descriptives complètes sur le segment de clientèle cible.

- Le résultat des efforts de marketing direct déployés auprès des clients doit être inclus. En d'autres termes, la réponse du client à l'effort de vente par marquage direct réalisé par une organisation doit être incluse dans la base de données.

Il convient de mentionner que ces données doivent être alimentées et représentées au fil du temps afin de comprendre clairement les clients.

Historiquement, les bases de données de clients étaient analysées pour définir un segment de clientèle spécifique (WMG, 2009). Plusieurs méthodes, telles que l'analyse en grappes, sont utilisées pour rassembler des clients présentant des caractéristiques comportementales similaires, afin de permettre le développement de produits et de services répondant aux besoins des clients. Les spécialistes du marketing direct utilisent ces méthodes depuis de nombreuses années.

Toutefois, la technique de segmentation a été examinée et critiquée ces derniers temps. Le fait de rassembler un grand nombre de clients différents pour créer un groupe segmenté indique un effort de marketing orienté vers un client régulier au sein du groupe segmenté (WMG, 2009). Il convient de noter qu'il existe actuellement divers outils de marketing conçus pour atteindre un client à la fois. Pour ce faire, on utilise des messages spécifiques sur mesure, élaborés pour s'adresser à des groupes de clients relativement restreints (WMG, 2009). C'est ce que l'on appelle le marketing personnalisé. L'accent est mis sur la compréhension de chaque client et sur la manière dont il contribue aux flux de revenus de l'organisation. Il est essentiel de noter que cela dépend uniquement de la nature du produit et du service fournis, ainsi que de la capacité à s'adresser aux clients en groupes relativement restreints ou individuellement.

Winer (2001) suggère qu'une "Lifetime Customer Value" (LCV) peut être utilisée comme forme d'analyse par les clients. Le concept de la LCV consiste à analyser chaque client de la base de données en fonction de ses perspectives de rentabilité actuelle et future pour l'organisation. Sur cette base, un chiffre de rentabilité peut être attribué à chaque client analysé, ce qui permet aux spécialistes du marketing de décider quel client cibler. Il est essentiel de noter que le bénéfice passé d'un client pour une organisation est la somme des produits achetés au fil du temps, moins les coûts encourus pour atteindre le client. Il s'agit des coûts associés aux appels de vente, aux courriels directs, etc. La VLC peut être utilisée pour mettre en évidence les domaines dans lesquels des bénéfices substantiels peuvent être tirés d'un client. Ceux-ci peuvent résulter de (Vejacka & Stofa, 2017) :

- La vente croisée permet d'augmenter le nombre de produits achetés.
- En pratiquant des prix plus élevés, on augmente les recettes.
- En réduisant les coûts liés à l'acquisition d'un client
- En réduisant les coûts marginaux du produit.

2.2.3 Sélection des clients

Cette étape implique la sélection des clients sur la base des informations stockées dans la base de données. Les résultats de l'analyse effectuée à l'étape précédente peuvent être de différents types. Par exemple, si une analyse a été réalisée sur la segmentation des clients en fonction des caractéristiques du comportement d'achat, les clients qui entrent dans les segments souhaités, tels que le taux d'achat maximal, seront généralement choisis pour les programmes de fidélisation ultérieurs (Zhang, Hu, Guo, & Liu, 2017). Il est important de noter que d'autres segments seraient sélectionnés pour les programmes de fidélisation en fonction de différents facteurs.

Selon Winer (2001), la sélection des clients doit reposer sur une base justifiable. Il s'agit de (Winer, 2001 ; Zhang, Hu, Guo, & Liu, 2017) :

- La rentabilité actuelle devrait être basée sur l'équation LCV. Le problème de cette méthode est que les clients potentiels qui peuvent garantir des bénéfices à l'organisation peuvent être éliminés parce que la croissance possible de ces clients n'a pas été prise en compte.
- Il convient de sélectionner les clients dont la valeur de la VLC est élevée, car cela favorise les achats potentiels. Il est essentiel de souligner que ces clients ne sont pas prévisibles et qu'un nombre assez important de clients considérés comme "non rentables" peuvent être inclus dans la liste sélectionnée.

2.2.4 Ciblage de la clientèle

Les publicités télévisées et la presse écrite sont des méthodes de marketing de masse utilisées pour faire connaître des produits et des services afin d'atteindre des objectifs de communication (Vutete, Tumeleng & Wadzanayi, 2015). Toutefois, ces approches marketing ne sont pas alignées sur les objectifs de la CRM en raison de leur nature de marketing de masse. Les approches marketing sont principalement utilisées pour cibler des clients sélectionnés, comme le télémarketing et l'envoi d'e-mails directs. Des experts tels que Jobber (2004) suggèrent que les organisations devraient utiliser le télémarketing comme approche ciblée au lieu d'utiliser l'approche des médias de masse. Jobber (2004) a également indiqué qu'avec la technologie de l'internet, le marketing personnalisé pourrait contribuer à encourager le développement d'une relation positive avec le client.

Selon Zhu, Liu, Song, Wu (2021), le courrier électronique direct, en tant que forme d'approche marketing, est une méthode rentable de fidélisation de la clientèle. Ces experts ajoutent qu'une organisation peut réduire ses coûts de marketing en utilisant l'approche du marketing direct, ce qui peut contribuer à fidéliser les clients.

2.2.5 Marketing relationnel

La relation entre les clients et les organisations ne se construit pas par le biais de courriers électroniques directs, mais par le biais de programmes de développement facilement accessibles, dans lesquels les courriers électroniques directs peuvent être un canal de distribution utilisé pour sensibiliser (Kotler & Armstrong, 2008). L'objectif premier des programmes relationnels est de garantir une excellente satisfaction du client par rapport à d'autres concurrents.

Les clients ont des attentes élevées en raison de l'évolution de leurs besoins, de la concurrence sur le marché et des approches marketing. Par conséquent, les responsables d'organisations doivent réaliser que les clients font constamment correspondre leur réalisation à l'attente de base de la performance du produit de l'organisation. Étant donné qu'il existe une corrélation très positive entre les bénéfices d'une organisation et la satisfaction qu'un client retire de l'utilisation d'un service ou d'un produit, les responsables doivent régulièrement mesurer la satisfaction de la clientèle (Usman, Jalal & Musa, 2012). Cela permet de s'assurer que l'entreprise fournit en permanence des performances élevées, de manière à dépasser les attentes des clients. La figure 2.1 ci-dessous présente un ensemble de programmes connexes comprenant le service à la clientèle, les récompenses, les programmes de fidélisation et la personnalisation.

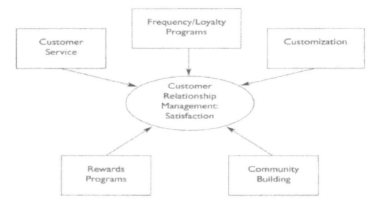

Figure 2.1 Programmes de fidélisation de la clientèle **Source** (Winer, 2001)

Les éléments de ces programmes de relations présentés dans la figure 2 ci-dessus sont expliqués ci-dessous (Usman, Jalal & Musa, 2012 ; Winer, 2001 ; Vutete, Tumeleng & Wadzanayi, 2015) :

- **Service à la clientèle** - Les organisations doivent prendre le service à la clientèle très au sérieux car les clients ont plusieurs choix à faire aujourd'hui. Il est donc logique de dire que toute forme de rencontre entre un client et une entreprise est techniquement un service à la clientèle. Cette rencontre peut garantir une activité commerciale répétée de la part d'un client, ce qui rend l'utilisation de la gestion de la relation client efficace. Toutefois, cette rencontre peut également prendre une tournure négative.

- **Programmes de fidélisation** - Ces **programmes** récompensent les clients qui renouvellent leurs transactions commerciales. Il favorise ainsi le processus de fidélisation de la clientèle d'une organisation.

- **Personnalisation** - Cette étape va bien au-delà de l'approche du marketing direct individualisé. Elle vise toutefois à développer des produits et des services pour les clients de manière individuelle au lieu de se contenter de communiquer avec eux.

- **Communautés** - Elles sont alimentées par la présence du web, où un réseau de clients est construit et encouragé à échanger des informations pertinentes sur les produits, établissant ainsi des relations entre l'entreprise et les clients. L'objectif est de créer un lien fort entre le client et l'entreprise en développant un produit qui plaît personnellement au client et qui l'incite à quitter l'environnement bâti.

2.2.6 Questions relatives à la protection de la vie privée

Pour cibler les clients et établir des relations efficaces, des informations pertinentes, précises et analysées doivent être stockées dans la base de données du système de gestion de la relation client (Vimala, 2016). Il existe donc un compromis visible entre les capacités des entreprises à fournir des produits personnalisés et la quantité d'informations nécessaires pour soutenir et faciliter cette fourniture. Étant donné que la base de données des organisations contient des informations sur leurs clients, la nature des informations stockées et l'usage qui en est fait suscitent de vives inquiétudes. Winer (2001) suggère que quelques problèmes de protection de la vie privée méritent d'être mentionnés en ce qui concerne le stockage et l'utilisation de la connaissance des clients. Ces préoccupations sont les suivantes (Winer, 2001) :

- Il y a des sentiments de violations fondamentales. C'est pourquoi on se demande comment l'entreprise peut savoir ce qu'il en est de moi.
- La première source d'irritation est l'arrivée de courriels directs non désirés.
- La crainte d'un préjudice pourrait survenir, en particulier dans le cas où le consommateur réserve un billet de voyage et ne souhaite pas divulguer ces informations.

2.2.7 Mesures

Au fil des ans, l'accent a toujours été mis sur le concept et l'application de la gestion de la relation client. Ainsi, les paramètres traditionnels utilisés par les organisations pour mesurer les performances de produits et services spécifiques doivent être restructurés et actualisés (Wang, 2008). Autant les indicateurs financiers tels que la part de marché et les marges bénéficiaires sont importants dans le monde des affaires, autant il est nécessaire de disposer d'indicateurs clairs pour mesurer les performances dans l'environnement de la gestion de la relation client. Jobber (2004) suggère que des mesures axées sur les clients soient créées pour donner aux organisations une meilleure image de la manière dont la mise en œuvre de la gestion de la relation client se déroule. Ces mesures utilisées dans le monde de la CRM sont les suivantes (Tseng & Huang, 2012) :

- Taux de fidélisation de la clientèle

- Coût d'acquisition des clients
- Le taux de conversion d'un client potentiel en acheteur.
- Taux de fidélisation de la clientèle

Les mesures énumérées ci-dessus visent à aider une organisation à se concentrer sur ses performances en matière de service à la clientèle.

2.3 Facteurs cruciaux influençant la gestion de la relation client (personnes, processus et technologie)

Comme indiqué précédemment, les facteurs critiques de succès qui influencent la mise en œuvre d'une gestion efficace de la relation client (GRC) comprennent les personnes, les processus et la technologie. Ces facteurs sont expliqués ci-dessous (WMG, 2009 ; Tjiptono & Gregorius, 2011 ; Jobber, 2004) :

- **Le personnel -** La gestion du personnel au sein d'une organisation pendant la mise en œuvre du CRM peut constituer un défi. En effet, il peut être difficile d'amener l'ensemble du personnel à participer et à comprendre le processus de gestion de la relation client. Ainsi, tous les niveaux de gestion de l'organisation doivent être impliqués afin de garantir une mise en œuvre efficace de la gestion de la relation client. Afin d'atteindre les objectifs de l'entreprise, un changement organisationnel est nécessaire pour que l'ensemble du personnel comprenne le retour sur investissement (ROI) qu'implique l'utilisation du système de gestion de la relation client. Le personnel doit également savoir que le système de gestion de la relation client l'aidera à remplir ses fonctions et à atteindre ses objectifs quotidiens, ainsi qu'à servir les clients de manière optimale.

- **Processus -** Le processus opérationnel d'une organisation doit être clair et simple pour que le personnel puisse le comprendre et le suivre. La mise en œuvre de la gestion de la relation client permet d'automatiser les tâches et les processus opérationnels, réduisant ainsi le temps de cycle nécessaire à la réalisation des activités de base qui sont directement liées à la satisfaction du client. La compréhension des processus peut aider le personnel à aligner ses compétences sur la technologie nécessaire disponible au sein de l'entreprise afin de contribuer à la création d'une valeur qui serait bénéfique à l'entreprise et aux clients.

- **Technologie - Il** est essentiel de créer un environnement technologique stable et adéquat pour faciliter la mise en œuvre d'un système de gestion de la relation client au sein d'une organisation. La technologie fournie au sein d'une organisation doit répondre aux objectifs de l'entreprise en matière de gestion de la relation client. Jobber (2004) a déclaré que la technologie n'est qu'un élément parmi les trois facteurs de succès qui influencent la mise en œuvre réussie de la gestion de la relation client dans une entreprise. En tant que telle, la technologie ne doit pas retenir toute l'attention, mais l'accent doit être mis sur les personnes et les processus afin d'atteindre les objectifs de l'entreprise.

2.4 Analyse des clients

L'analyse de la clientèle est la première étape logique de la planification stratégique du marché ; Kotler (2010) a décrit le marketing stratégique moderne comme comprenant la segmentation, le ciblage et le positionnement (STP). Étant donné qu'aucun spécialiste du marketing ne peut satisfaire l'ensemble du marché ou de l'industrie de manière satisfaisante, le marché doit être segmenté. La segmentation part du principe que le marché est hétérogène et qu'il se compose de différents consommateurs ayant des besoins et des désirs différents.

Selon Kotler et Keller (2012), la réponse du marketing aux besoins du marché est passée par trois étapes :

Marketing de masse : Dans ce cas, le vendeur s'engage dans la production de masse, la distribution de masse et la production de masse d'un produit pour tous les acheteurs. L'hypothèse était que cela permettrait d'obtenir les coûts et les prix les plus bas et de créer le marché potentiel le plus important (http://marketing-bulletin.massey.ac.nz/V5/MB_V5_A2_Wright.pdf. Consulté le 25/04/2022).

Marketing de la variété des produits : Dans ce cas, le producteur produit différentes variétés de caractéristiques, de styles, de qualités, de tailles, etc. de plusieurs produits pour les acheteurs plutôt que de s'adresser à d'autres groupes de marché. L'argument est que la variété est l'épice de la vie, car les goûts changent avec le temps. Par conséquent, les clients recherchent le changement et la variété au fur et à mesure qu'ils se produisent.

Marketing ciblé : Dans ce cas, le vendeur identifie les principaux segments du marché, cible les secteurs les plus attractifs et adapte ses programmes à chaque élément sélectionné. Le micro-marketing et le marketing personnalisé sont les formes ultimes du marketing ciblé. Les services et les produits ciblent des groupes de clients localement en fonction des besoins et des "désirs" d'un consommateur distinct ou d'une organisation d'achat. Le marketing ciblé aide les organisations à mieux identifier les opportunités de marketing. Les entreprises peuvent désormais développer l'offre de produits, les prix, les promotions et les canaux de distribution adaptés à chaque cible. C'est pourquoi de nombreuses organisations adoptent aujourd'hui de plus en plus le marketing ciblé.

L'analyse de la clientèle doit donc répondre aux questions suivantes :

- Qui sont les plus gros clients ?
- Qu'est-ce qui motive le comportement des clients ?
- Existe-t-il des besoins non satisfaits ?

Ces questions stratégiques conduiront certainement à d'autres sous-questions stratégiques avant qu'une décision stratégique puisse être prise. L'approche du marché cible aide les organisations à concentrer leurs efforts sur leurs acheteurs plutôt que de les disperser sur le marché. Le marketing ciblé comporte trois étapes essentielles : la segmentation, le ciblage et le positionnement.

Segmentation du marché

La segmentation du marché permet d'identifier et d'établir le profil de groupes distincts d'acheteurs qui pourraient avoir besoin de produits et d'un marketing mix différents (Kotler 2010). Kocoglu (2012) définit la segmentation du marché comme la division d'un marché en unités plus petites ou marchés cibles et la localisation des individus qui appartiennent à chaque marché cible. Il ajoute que l'hypothèse est de regrouper des personnes homogènes ou ayant des caractéristiques communes. L'idée d'un marché homogène n'existe pas. Au contraire, ce que nous avons en tant que pays est un composite de nombreux petits marchés, chaque petit marché constituant le segment de marché. Le concept d'identification des produits reconnaît l'existence de composantes et tente de satisfaire chaque petit groupe (Kombo, 2015).

Approche générale de la segmentation

Les marchés diffèrent par leurs besoins, leur pouvoir d'achat, leurs goûts, leurs motivations, leurs besoins non satisfaits, leurs pratiques d'achat et leur utilisation. Les facteurs peuvent être subdivisés sur le marché en petites unités comme suit :

Étapes de la segmentation du marché

Étape 1. Identifier les variables de segmentation et segmenter le marché.

Étape 2. Élaborer le profil de chaque unité.

Étape 3. Évaluer l'attrait de chaque segment.

Étape 4. Sélectionnez le(s) segment(s) cible(s).

Étape 5 Sélectionner les concepts de positionnement appropriés.

Étape 6 Sélectionner, développer et transmettre aux autres le concept de positionnement choisi.

Dans un contexte stratégique, l'élaboration d'une stratégie de segmentation réussie nécessite la conceptualisation, le développement et l'évaluation d'une offre concurrentielle. L'analyse de la clientèle doit fournir les informations suivantes afin de mettre en œuvre une stratégie de segmentation adéquate.

Segmentation

- Qui sont les plus gros clients ?
- Le plus rentable ? Le plus attractif ?
- Les clients potentiels. Existe-t-il des groupes logiques basés sur les besoins, les souhaits, les motivations ou les caractéristiques ?
- Comment le marché pourrait-il être stratégiquement segmenté en tenant compte des variables suivantes ? Ces variables sont les avantages recherchés, le niveau d'utilisation, l'application, le type et la taille de l'organisation, la situation géographique, la fidélité des clients et, enfin, la sensibilité au prix.

Motivations des clients

- Quels sont les éléments du produit/service que les clients apprécient le plus ?
- Pourquoi achètent-ils ?
- Qu'achètent-ils ?
- Comment les segments varient-ils en termes de priorités de motivation ?
- Des changements sont-ils intervenus dans la motivation des clients ?

Besoins non satisfaits

- Pourquoi certains clients sont-ils insatisfaits ?
- Pourquoi certains changent-ils de marque, de fournisseur ou de point de vente ?
- Quelle est la gravité et l'incidence des problèmes rencontrés par les consommateurs ?
- Les consommateurs et les entreprises peuvent-ils identifier des besoins non satisfaits ?
- Existe-t-il des besoins non satisfaits dont les consommateurs n'ont pas conscience ?
- Quelle est l'influence de ces besoins non satisfaits sur les concurrents ?

Les réponses appropriées à ces questions stratégiques permettront de conceptualiser, de développer et d'évaluer correctement une offre concurrentielle, qu'il s'agisse d'un segment ou d'une niche.

Bases de la segmentation du marché

Il est difficile de segmenter un marché donné, car il existe de nombreuses façons de le faire. En règle générale, ces variables peuvent être regroupées en deux catégories : les caractéristiques des consommateurs et la réaction ou le comportement des consommateurs à l'égard des caractéristiques du produit.

La segmentation basée sur les caractéristiques des consommateurs utilise généralement des caractéristiques géographiques, démographiques et psychographiques. Grâce à ces caractéristiques, on s'attend à ce que les besoins ou les réponses aux produits soient différents. Pour ne pas passer à côté des moyens utiles de définir les segments, il est recommandé d'utiliser un large éventail de variables. Les variables peuvent être évaluées sur la base de leur capacité à identifier des segments pour lesquels différentes stratégies pourraient être mises en œuvre. http://writepass.com/journal/2012/12/segmentation-targeting-and-positioning-in-marketing-strategies/. Consulté le 25/04/2022).

Les marchés peuvent donc être segmentés en fonction de caractéristiques générales sans rapport avec le produit concerné : En outre, des variables liées aux produits, telles que l'utilisation, etc., se sont révélées utiles pour la segmentation du marché. La segmentation de la concurrence sur le marché devrait conduire à une stratégie bien définie et à une déclaration de positionnement forte. Chaque segment de clientèle doit faire l'objet d'un profil détaillé (Khrais, 2017). D'autres descripteurs de segments tels que les données démographiques, les données psychographiques, les graphiques des médias, les attitudes et les comportements seront nécessaires.

Approche par segments multiples ou approche par segment unique

Un spécialiste du marketing a le choix entre deux types de segmentation. Le premier est l'approche à segment unique, par laquelle l'entreprise se concentre sur un segment unique beaucoup plus petit que l'ensemble du marché. La Zenith Bank Nigeria n'ouvre aucun compte d'entreprise avec moins de 100 000 nairas, et le solde du compte personnel à l'UBA ne doit en aucun cas être inférieur à 1 000 (mille) nairas. Certaines banques n'acceptent pas les comptes individuels. Elles proposent donc des services adaptés aux comptes d'entreprise qui sont plus complets et plus engagés que ceux de leurs concurrents.

Une autre alternative à l'approche par segment unique est l'approche par focalisation multiple, qui consiste pour l'entreprise à impliquer plusieurs segments. En particulier, lorsque l'entreprise possède plusieurs lignes de produits, chacune d'entre elles peut être positionnée précisément pour une pièce particulière en mettant l'accent sur les différents avantages recherchés.

Malgré le coût élevé du développement de segments multiples, de nombreuses entreprises s'orientent vers cette solution en raison de l'amélioration de l'impact global et des synergies substantielles possibles entre les offres de segments.

2.5 Cadre théorique

2.5.1 Le cadre CRM de Winer (2001)

L'un des cadres utilisés dans cette recherche a été développé par Winer (2001). Le cadre de gestion de la relation client créé par cet universitaire permet de se concentrer sur la rétention des clients et de s'assurer de leur fidélité, ce qui permet de faire des affaires de manière répétée et donc d'augmenter les ventes. Cette recherche se concentre sur la mise en œuvre d'un cadre pratique de gestion de la relation client au sein de la Zenith Bank, dans le but d'améliorer les relations avec les clients, d'améliorer le service rendu aux clients et de garantir l'acquisition et la fidélisation des clients, ce qui se traduit par une activité commerciale répétée.

Le terme CRM a attiré l'attention des entreprises du monde entier. Les grandes organisations commencent à élaborer des stratégies axées sur la création d'une excellente expérience de service à la clientèle. Ces organisations adoptent également des outils et des techniques qui contribuent à une gestion efficace de la relation client. Pour comprendre pleinement les comportements des clients, les entreprises commencent à considérer que l'orientation des relations avec la clientèle est cruciale pour la réussite de l'entreprise (Winer, 2001).

À notre époque, la technologie a changé la manière dont les organisations traitent avec leurs clients. Cette évolution a entraîné l'intégration complète des unités commerciales telles que les ventes, le marketing et le service à la clientèle. Par conséquent, pour les praticiens, la gestion de la relation client est une approche innovante qui permet de comprendre en profondeur le comportement d'un client et de développer ainsi des stratégies qui contribueront à encourager la relation entre le client et l'organisation (King & Burgess, 2008).

2.5.2 Stratégie générique de Porter (1985)

Porter (1985) a proposé l'utilisation d'une stratégie générique pour les organisations afin d'améliorer leurs capacités de réflexion stratégique. Ces stratégies génériques sont les suivantes (Porter, 1985) :

- Leadership en matière de coûts
- Différenciation
- Focus

Figure 2.2 Stratégies génériques de Porter Source (Porter, 1985)

Le diagramme ci-dessus indique les stratégies développées par Porter (1985) pour permettre aux organisations d'adopter diverses politiques conformes à leurs buts et objectifs généraux.

Leadership en matière de coûts

La stratégie de domination par les coûts est une stratégie dans laquelle une organisation s'efforce de devenir un producteur de biens et de services à faible coût (Porter, 1985). Une organisation qui met en œuvre cette stratégie peut réaliser des marges bénéficiaires élevées si elle atteint les coûts les plus bas par rapport à d'autres organisations rivales, en supposant que ses produits ne soient pas techniquement différenciés et qu'ils soient vendus au détail au même prix.

Toute organisation qui adopte cette stratégie met l'accent sur la réduction des coûts dans toutes les activités opérationnelles qui constituent l'ensemble de la chaîne de valeur de l'entreprise. Une organisation peut choisir d'être un leader dans l'adoption de stratégies de maîtrise des coûts et ne pas vendre ses produits à un prix raisonnablement bas. Par exemple, une organisation peut appliquer un prix moyen à un produit ou à un service, ce qui est conforme à la stratégie de maîtrise des coûts, et réinvestir les bénéfices dans l'entreprise à des fins d'expansion (Acquaah & Yasai-Ardekani, 2008). L'adoption d'une stratégie de domination par les coûts peut présenter des risques pour certaines organisations. Une trop grande importance accordée à cette stratégie peut conduire aux résultats suivants (Porter, 1985) :

- Une organisation peut perdre de vue l'essence même de la fourniture de produits de bonne qualité.

- Une organisation peut être moins innovante dans la fourniture de biens et de services.

Différenciation

Une organisation qui a la capacité de différencier ses produits de ceux de ses concurrents est celle qui a tendance à pratiquer des prix plus élevés pour ses biens et services (Kaplan & Norton, 2000 ; Jocovic et al., 2014). Il s'agit par exemple d'organisations qui proposent des produits et des services de qualité supérieure à leurs clients, garantissant ainsi la différenciation de leurs offres de produits par rapport à leurs rivaux sur la base des performances supérieures découlant de l'utilisation de ces produits.

Selon Porter (1985), une organisation qui décide de mettre en œuvre une stratégie de différenciation est susceptible d'encourir davantage de coûts au cours du processus de mise en œuvre. Ces coûts peuvent inclure des frais de publicité, puisqu'ils sont nécessaires pour faire connaître les biens et services actuellement proposés à la vente. L'utilisation d'une stratégie de différenciation présente de nombreux avantages pour les organisations. Dans le même ordre d'idées, une organisation doit comprendre que la mise en œuvre de cette stratégie comporte certains risques. Ces risques sont les suivants (Porter, 1985) :

- Il est difficile de procéder à une estimation détaillée des coûts liés à la mise en œuvre de cette stratégie.
- Il est difficile de déterminer si ces coûts seraient récupérés par l'adoption d'une tarification majorée.
- L'adoption réussie de la stratégie de différenciation peut encourager d'autres organisations rivales à suivre le même modèle.

Focus

La stratégie de focalisation est une stratégie qui intègre à la fois la stratégie de différenciation et la stratégie de domination par les coûts. Une organisation qui choisit de mettre en œuvre la stratégie de focalisation doit identifier les marchés où la concurrence est la plus faible (Vimala, 2016). Cette stratégie est idéale pour identifier une niche sur le marché et garantir le développement d'offres de produits qui répondent aux besoins des clients dans ce segment particulier.

L'utilisation d'une stratégie ciblée peut renforcer la capacité d'une organisation à obtenir un avantage concurrentiel (Freeman, 2012). Une organisation peut mettre en œuvre simultanément une stratégie de domination par les coûts et une stratégie de différenciation, ce qui est conforme à la stratégie de focalisation. Une organisation qui applique la méthodologie de focalisation sur les coûts mettra l'accent sur l'obtention d'un avantage en termes de coûts sur son marché cible.

Une organisation qui met en œuvre une approche axée sur la différenciation n'adopterait la différenciation que sur un marché cible sélectionné et non sur l'ensemble du segment de marché défini. C'est pourquoi il est essentiel de souligner les points suivants (Freeman, 2012) :

- Différenciation - Cette stratégie est connue pour permettre aux organisations de pratiquer des prix élevés pour des produits haut de gamme.
- Concentration sur les coûts - cette stratégie est connue pour permettre aux organisations de proposer des offres de produits à bas prix à des acheteurs spécifiques.
- Les organisations qui choisissent d'adopter la stratégie de focalisation doivent être conscientes des risques associés à son adoption.

Ces risques sont les suivants (Porter, 1985) :

- Le marché cible n'est pas assez vaste et, par conséquent, il peut être difficile de justifier la nécessité pour une organisation de consacrer des ressources à cette stratégie.
- Cette stratégie pourrait ne pas être idéale dans les environnements commerciaux où l'utilisation d'"économies d'échelle" est nécessaire.
- Le marché de niche peut ne pas être commercialement viable à long terme, car l'environnement commercial est généralement instable et les réalités économiques sont souvent dures.

2.5.3 Cadre de prestation de services de Sachdev et Verma (2004)

Les attentes des clients sont des valeurs de prestation de services qui servent de normes pour mesurer les performances. Lorsqu'ils évaluent la qualité du service, les clients comparent leurs perceptions de la performance à ces normes ; il est donc essentiel pour les prestataires de services d'avoir une connaissance complète des attentes des clients. Selon Sachdev et Verma (2004), les perceptions des clients sont les croyances concernant le service reçu, c'est-à-dire le service expérimenté.

La position de la perception de la qualité du service par le client sur le continuum dépend souvent de la nature de l'écart entre le service attendu et le service perçu par le consommateur. Lorsque le service attendu par le client est plus important que le service effectivement rendu au client, la qualité du service sera insatisfaisante et totalement inacceptable en raison de l'augmentation de l'écart (négatif) entre le service attendu et le service perçu.

Lorsque le produit ou le service attendu est inférieur au service considéré, la qualité de service perçue (QSP) est plus que satisfaisante et tendra vers la qualité idéale avec un écart accru (définitif) entre le service attendu et le service perçu. Dans ce cas, la qualité du service est adéquate car les attentes des clients ont été dépassées.

Dans leur étude, Salehi, Kheyrmand et Faraghian (2015) ont comparé les différents points de vue de divers auteurs sur la conceptualisation de la qualité de service et ont observé des coïncidences dans leurs travaux. Il s'agit notamment des dimensions de la qualité de service dérivées des différents facteurs et des différents niveaux de vue d'ensemble des éléments. En reliant les différentes vues d'ensemble, un cadre général a été conçu pour la PSQ, indiquant les points de convergence et de divergence dans le cadre. En se basant sur les parties critiques du processus de prestation de services et en faisant la distinction entre le processus impliqué dans le service et le résultat du service en tant que dimensions globales, les clients utilisent pour évaluer la qualité du service.

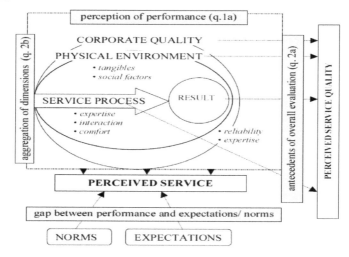

Figure 2.3 Cadre de prestation de services
Source : Sachdev et Verma (2004)

Les attentes des clients sont connues comme les valeurs de la prestation de services qui servent de norme pour mesurer les performances.

Lorsqu'ils évaluent la qualité d'un service, les clients comparent leur perception de la performance à ces normes ; il est donc essentiel pour les prestataires de services d'avoir une connaissance complète des attentes des clients. Une hypothèse erronée sur ce que les clients veulent ou attendent aurait pour conséquence de perdre la clientèle d'un client et de gaspiller de l'argent, du temps et des ressources pour des choses sans importance pour le client. Cela affectera la survie d'une organisation sur un marché férocement concurrentiel (Sachdev & Verma, 2004).

Selon Kotler et Keller (2012), les clients développent des attentes en matière de service à partir de plusieurs sources, notamment leurs expériences passées, le bouche-à-oreille et la publicité. Le plus souvent, les clients ont tendance à comparer le service perçu avec le service attendu. Lorsque le service observé est inférieur au service prévu, les clients sont déçus et insatisfaits. C'est pourquoi les entreprises qui réussissent ajoutent à leur offre des avantages qui non seulement satisferont les clients, mais les surprendront et les raviront. Satisfaire les clients signifie dépasser leurs attentes ; le service perçu est donc supérieur au service attendu.

Le service est un produit intangible dont la tangibilité se trouve principalement dans les ressources humaines employées dans la prestation effective du service. Par conséquent, la mesure de la satisfaction des clients dépend de plusieurs facteurs allant des attentes des clients à l'expérience du service, en passant par l'élément humain dans le service proprement dit (Kothari, 2017).

Selon Khodakarami et Chan (2014), les facteurs qui déterminent la satisfaction du client sont les suivants :

a) Caractéristiques des produits et des services : Les résultats obtenus peuvent être déclenchés par les caractéristiques des produits et des services.

b) L'émotion du consommateur : Il s'agit de l'état d'esprit du consommateur qui peut affecter la satisfaction tirée d'un produit ou d'un service.

c) Perception de l'équité/de la justice : L'équité perçue par les consommateurs quant à la manière dont le prestataire de services traite leurs demandes ou leurs besoins détermine également leur niveau de satisfaction.

d) L'influence des autres : Le bouche à oreille ou l'expression de la satisfaction ou de l'absence de satisfaction par d'autres consommateurs tels que les amis et la famille peut également affecter la satisfaction du consommateur.

e) Attributs du succès ou de l'échec du service : il s'agit de la manière dont le consommateur perçoit les causes des événements qui conduisent à l'expérience réelle du service.

2.6 Stimuler la croissance par la différenciation des produits

Les gestionnaires d'entreprise stratégiques créent des stratégies de différenciation pour chaque unité d'entreprise qui la distingue des autres et qui constitue son avantage concurrentiel, ce qui suggère que sa stratégie de différenciation ne peut pas être facilement reproduite par ses rivaux (Keramati, Apornak, Abedi, Otrodi & Roudneshin, 2018). Au sein d'un même secteur, plusieurs stratégies de différenciation peuvent être couronnées de succès, en fonction des ressources dont dispose chaque entreprise du secteur (Kocoglu, 2012). Chaque unité commerciale d'un secteur est en concurrence avec différentes stratégies. Toutefois, il serait fastidieux de tenter d'analyser toutes les stratégies de différenciation dans une grande entreprise. Les chercheurs ont classé les différentes stratégies en une stratégie générique basée sur les similitudes stratégiques (Khodakarami & Chan, 2014). En outre, les entreprises qui adoptent la même stratégie générique sont appelées "groupe stratégique" (Keramati et al., 2018).

Les chercheurs ont fait valoir qu'il n'est pas toujours évident d'identifier le groupe stratégique au sein d'un secteur. En outre, il peut y avoir un ou plusieurs concurrents qui fonctionnent au sein du groupe et qui sont difficiles à classer (Kaplan & Norton, 2000). En outre, la stratégie générique étant trop simpliste, la sélection d'une stratégie générique dans un secteur particulier n'est que la première étape de la formulation d'une stratégie d'entreprise efficace (Kaplan & Norton, 2000). D'autres étapes importantes consistent à affiner la stratégie et à l'aligner sur les ressources uniques dont dispose l'organisation (Abu Aliqah, 2012). On estime que les deux théories qui sous-tendent la stratégie de différenciation sont les suivantes : La théorie de Porter sur la stratégie de différenciation et les théories de Miles et Snow sur la stratégie de différenciation. Ces deux théoriciens stratégiques constituent le point de départ des stratégies commerciales (Abu Aliqah, 2012).

Kotler (1991) a suggéré que l'adoption de la différenciation des produits peut favoriser la croissance d'une organisation grâce à l'obtention d'un avantage concurrentiel. Quelques éléments d'une organisation doivent être pris en compte pour tenter d'obtenir un avantage concurrentiel sur ses rivaux. Ces éléments sont les suivants (Kotler, 1999) :

- Le marketing mix
- Le cycle de vie de ses produits
- Marchés cibles spécifiques

Une analyse complète de l'organisation doit être effectuée pour mettre en œuvre une stratégie de différenciation des produits. L'utilisation d'outils stratégiques qui soutiennent l'utilisation de l'analyse des produits doit être effectuée pour faciliter les comparaisons entre les produits d'une organisation et ceux de ses concurrents. Dans ce contexte, trois outils majeurs d'analyse des produits doivent être utilisés. Ces outils sont présentés ci-dessous (Zott et al., 2011 ; Amoako-Gyampah & Acquaah, 2008 ; Porter, 1985).

- Matrice du Boston Consulting Group (BCG)
- Cycle de vie des produits
- Analyse SWOT

2.6.1 Matrice du Boston Consulting Group (BCG)

Une organisation qui choisit d'analyser son portefeuille de produits peut utiliser la matrice BCG. Cet outil est utilisé pour étayer le concept de la théorie du cycle de vie des produits (Hill, 1985). L'utilisation de la matrice BCG aide une organisation à classer ses unités opérationnelles en quatre catégories, à savoir (Zott et al., 2011) les étoiles, les points d'interrogation, les vaches à lait et les chiens.

La matrice BCG ci-dessus montre que plus la part de marché est élevée, plus les recettes en espèces d'une organisation sont importantes. Cela peut également être corroboré par la courbe d'expérience, telle que suggérée par Porter (1985). Le concept de la courbe d'expérience stipule que lorsque la part de marché d'une organisation augmente, cela indique que l'entreprise progresse par rapport à ses concurrents sur la courbe d'expérience. Il est donc logique de dire qu'une organisation peut développer un avantage en termes de coûts grâce à ce concept.

La matrice présentée ci-dessus explique également le fait que la capacité de production d'une organisation peut être augmentée par l'injection d'un investissement substantiel, à condition que le marché soit considéré comme "en croissance". Il est donc primordial d'expliquer les différentes phases de la matrice BCG.

Étoiles

Les produits considérés comme des vedettes sont ceux qui génèrent des revenus substantiellement élevés du fait de leur part de marché la plus importante dans le secteur. Il est essentiel de noter que les produits considérés comme "vedettes" ont tendance à consommer des ressources de trésorerie en raison du taux de croissance du marché (Hill, 1985). Un produit capable de maintenir sa part de marché dans un environnement commercial spécifique devient une "vache à lait". De ce fait, un produit qui devient une vache à lait est une source de revenus pour l'organisation.

Point d'interrogation

Les produits placés en phase de "point d'interrogation" sont ceux qui se développent à un rythme très élevé et qui ont donc tendance à consommer les ressources de trésorerie les plus importantes (Slack et al., 2007). Comme ces produits ont une part de marché relativement faible, ils génèrent peu de liquidités pour l'organisation. C'est pourquoi plusieurs auteurs et experts ont inventé le nom d'"enfant à problèmes" pour désigner la phase du point d'interrogation.

Toutefois, les experts estiment que les produits considérés comme des "points d'interrogation" ont beaucoup de potentiel et qu'ils peuvent donc devenir des stars (Porter, 1985). Un produit considéré comme une star tend à devenir une vache à lait. Pour cette raison, il est primordial que les organisations surveillent les produits considérés comme des "points d'interrogation". Des publicités pourraient être réalisées pour faire connaître le produit, et un niveau de différenciation du produit pourrait être ajouté pour donner au produit une nouvelle sensation et un nouvel aspect. Cela peut permettre d'augmenter les ventes et la part de marché, et donc de passer au stade des stars et de la vache à lait.

Vaches à lait

Les produits qui sont placés au stade de la vache à lait sont ceux qui sont considérés comme les leaders du secteur. Ces produits sont ceux qui offrent aux organisations un retour sur investissement (ROI) élevé sur leurs actifs (Amoako-Gyampah & Acquaah, 2008). Il est essentiel de noter que ces produits génèrent plus de liquidités qu'ils n'en dépensent et qu'ils sont donc considérés comme extrêmement rentables.

Il est primordial que les organisations exploitent leurs vaches à lait, car elles constituent une source fondamentale de génération de liquidités pour l'organisation. Les liquidités générées doivent être utilisées pour développer des produits et, surtout, soutenir les produits qui ont le potentiel de devenir une "star" et une vache à lait.

Chiens

Les produits qui sont considérés comme des chiens sont ceux qui ont un faible taux de croissance et une faible part de marché (Amoako-Gyampah & Acquaah, 2008). Cela signifie que ces produits ne génèrent pas les liquidités nécessaires à leur survie. Les organisations qui conservent des produits de ce type finissent par avoir des liquidités immobilisées en raison du potentiel limité de réussite de ces produits. Dans ces conditions, il est conseillé à une organisation de développer de nouveaux produits innovants qui contribueront à générer des liquidités pour l'organisation.

2.6.2 Cycle de vie des produits

La théorie du cycle de vie des produits est considérée comme importante pour l'analyse des produits dans les organisations. Au cours de son cycle de vie, un produit doit passer de la phase d'introduction à la phase de déclin. Le cycle de vie d'un produit comporte quatre étapes, à savoir (Freeman, 2012) l'introduction, la croissance, la maturité et le déclin.

L'outil du cycle de vie des produits est utilisé pour évaluer la situation d'un produit appartenant à une organisation par rapport à ses concurrents dans le même environnement commercial.

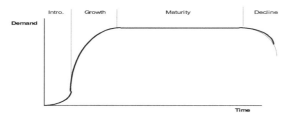

Figure 2.4 Cycle de vie des produits. Source (Proctor, 2002)

Le cycle de vie d'un produit ci-dessus montre qu'il comporte quatre étapes. C'est pourquoi il est nécessaire d'expliquer chaque étape du cycle de vie d'un produit. C'est ce qui est illustré ci-dessous :

Phase d'introduction

Cette étape est considérée comme la plus délicate, car le produit vient d'être introduit et vendu sur le marché, et il est donc impossible de prévoir les réactions du marché. Selon (Jobber, 2004), les produits développés par les organisations ne survivent généralement pas à cette étape. Il est donc primordial qu'une organisation fasse connaître son produit de manière considérable afin que le marché s'y intéresse. Cette étape a un impact significatif sur le marketing mix du produit. Il s'agit des éléments suivants (Freeman, 2012) :

- Le produit : À ce stade, la qualité du produit est créée et portée à la connaissance du marché.

- Le prix : À ce stade, la plupart des organisations vendent généralement leurs produits à des prix très bas dans le but d'acquérir une part de marché considérable dans le secteur. En outre, l'utilisation de méthodologies d'écrémage des prix peut être adaptée pour générer suffisamment de liquidités pour couvrir les coûts de développement associés au produit.

- Le lieu : À ce stade, il y a beaucoup d'incertitude quant à l'emplacement du produit puisque les clients n'ont rien acheté. Tant que les clients du secteur n'ont pas acheté le produit, il n'est pas possible de fixer et de garantir un lieu d'implantation.

- La promotion : À ce stade, l'utilisation de publicités pour créer une prise de conscience est nécessaire pour assurer l'achat du produit.

Stade de croissance

Cette étape implique qu'une organisation développe sa marque et acquiert une bonne part de marché dans le secteur. Compte tenu de ce qui précède, l'impact de cette étape sur le marketing mix est le suivant (Proctor, 2002)

- *Le produit :* La qualité du produit est établie et maintenue. L'ajout de services à valeur ajoutée pourrait également être inclus
- *Prix :* Les organisations visent à réduire la concurrence dans le secteur et, par conséquent, les prix appliqués aux produits sont maintenus.
- *Place :* à ce stade, la demande de produits est élevée et les canaux de distribution doivent donc être multipliés.
- *Promotion :* dans le but d'augmenter les ventes de produits, les organisations veillent à ce que toutes les formes de publicité soient diffusées auprès d'un public plus large.

Stade de maturité

À ce stade, l'organisation cherche à maximiser ses profits et à conserver une part de marché importante dans le secteur (Javed & Cheema, 2017). Ce stade se caractérise par le fait que la concurrence dans le secteur est féroce et que les ventes du produit de l'organisation diminuent progressivement. Dans ces conditions, l'impact de cette étape sur le marketing mix est (Kotler & Keller, 2012) :

- Produit : le produit peut être modifié afin de garantir la concurrence.
- Prix : du fait de la concurrence, les prix appliqués aux produits peuvent être bas.
- Place : en raison de la concurrence, les organisations peuvent offrir des incitations aux clients qui achètent des produits.
- La promotion : La plupart des organisations mettent davantage l'accent sur l'utilisation d'une stratégie de différenciation.

Stade de déclin

Cette étape oblige les organisations à prendre des décisions concernant leurs produits. Voici quelques options viables (Kotler & Keller, 2012) :

- Le produit pourrait être redessiné pour donner une impression différente aux clients.

- De nouveaux segments pourraient être identifiés pour offrir les mêmes produits. Mais cela doit se faire à un prix nettement inférieur.
- L'ensemble du produit pourrait être vendu à des concurrents en raison de la baisse des ventes.

2.7 Analyse SWOT

L'analyse SWOT est considérée comme un outil stratégique utilisé par les organisations pour évaluer leurs forces, leurs faiblesses, leurs opportunités et leurs menaces (Heskett, 1976). Il s'agit d'un outil essentiel qui peut également être utilisé pour évaluer les circonstances internes et externes d'une organisation. Les environnements interne et externe sont classés comme suit (Daft, 1988) :

- Environnement interne - il s'agit des forces et des faiblesses d'une organisation.
- Environnement externe - il s'agit des opportunités et des menaces qui pèsent sur une organisation.

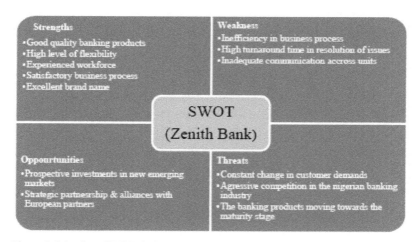

Figure 2.5 Analyse SWOT de la Zenith Bank

Chaque organisation doit évaluer ses principales forces et ses principales faiblesses dans les domaines suivants (Kotler & Keller, 2012) :

- Les capacités bancaires d'une organisation

48

- Les capacités de marketing d'une organisation
- Les compétences d'une organisation

Étant donné qu'une organisation peut avoir du mal à corriger toutes ses faiblesses, il est logique qu'elle s'appuie sur ses principaux atouts afin de surmonter toutes les formes de faiblesses et d'obtenir ainsi l'avantage concurrentiel souhaité dans son environnement commercial. De même, une organisation doit évaluer toutes les forces environnementales qui affectent uniquement les capacités et la durabilité globale de l'entreprise. Ces forces environnementales comprennent (Heskett, 1976) :

- Facteurs économiques
- Facteurs technologiques
- Facteurs sociaux et politiques

Compte tenu de ce qui précède, il est évident qu'une organisation doit surveiller et évaluer constamment ces facteurs, car ils influencent directement la capacité de l'organisation à réaliser un bénéfice substantiel à long terme.

Formulation des objectifs

Dès que l'analyse SWOT d'une organisation est terminée, la formulation des objectifs stratégiques peut commencer. Le terme "buts" est utilisé dans une organisation parce qu'il s'agit d'objectifs primaires jugés essentiels à la réussite globale de l'organisation (Zott, Amit & Massa, 2011). Les objectifs organisationnels doivent être transformés en objectifs stratégiques mesurables pour les raisons suivantes (Zott et al., 2011) :

- Il contribue à améliorer le processus de planification de la gestion
- Il améliore la mise en œuvre des objectifs fixés
- Il contribue à la phase de suivi et de contrôle nécessaire pour atteindre les objectifs fixés.

Formulation de la stratégie

La phase de formulation de la stratégie intervient immédiatement après la définition des objectifs. Cette phase est importante pour les activités de planification stratégique du marketing d'une organisation. Les organisations doivent élaborer des plans pour atteindre les objectifs qu'elles se sont fixés, ce que l'on appelle la "stratégie". La stratégie d'une organisation peut donc comprendre les éléments suivants (Zott et al., 2011) :

- Stratégie d'approvisionnement
- Stratégie de marketing
- Stratégie technologique

L'environnement commercial mondial d'aujourd'hui a vu l'utilisation de plusieurs stratégies de marketing.

2.8 Autres axes de différenciation

i. Différenciation des produits

Dans la différenciation traditionnelle hors ligne, l'accent est mis sur la dimension du produit ; les autres domaines ont été utilisés lorsque la différence réelle entre les produits concurrents est très faible. De même, dans les transactions en ligne, les entreprises continuent à se différencier par les caractéristiques des produits en ligne. La plus grande contribution d'Internet au secteur commercial mondial réside peut-être dans la différenciation produit/service, c'est-à-dire dans l'assortiment littéralement illimité de produits que les entreprises sont en mesure d'offrir. Les banques sont également en mesure de tirer parti de ce vaste assortiment en tant que plate-forme pour personnaliser leurs offres de produits pour les clients individuels. L'utilisation d'Internet comme outil de marketing peut avoir un effet majeur sur l'emballage du produit. Étant donné que de plus en plus de transactions sont effectuées en ligne plutôt que dans l'entreprise, les consommateurs pourraient avoir besoin de produits aux caractéristiques plus conviviales.

ii. Différenciation des services

Les services peuvent différencier efficacement une entreprise en ligne de bien des façons. L'un des moyens d'améliorer le service à la clientèle est la capacité de l'entreprise à recevoir les commentaires des clients par courrier électronique 24 heures sur 24. Ce service doit être organisé de manière transparente afin d'offrir à l'appelant une expérience unique, même si les opérateurs téléphoniques et le personnel du service clientèle ne sont pas disponibles à leur bureau. Cela donnera également une indication sur la capacité de l'entreprise à répondre plus rapidement (en temps réel) aux préoccupations des clients. Un autre aspect de la différenciation des services est la rapidité avec laquelle le client peut effectuer des transactions en ligne. Dans le secteur du commerce, les services en ligne, tels que les services en ligne, deviennent de plus en plus populaires. Les principales caractéristiques de différenciation sont à la fois les fonctionnalités qu'ils offrent et les expériences de consommation de services (Keramati et al., 2018). Dans de nombreuses entreprises, ces services complètent actuellement les services traditionnels hors ligne, mais comme le monde a continué à progresser dans les technologies de l'information et que le monde devient plus interconnecté via Internet, les services en ligne pourraient un jour remplacer les services conventionnels qui sont actuellement effectués dans les murs de l'entreprise (Keramati et al., 2018).

iii. Différenciation du personnel

Dans le passé, les services personnalisés et les relations individuelles entre l'entreprise et les consommateurs nécessitaient un personnel qualifié et coûteux. Aujourd'hui, l'internet permet aux entreprises de "fournir leurs produits et services par l'intermédiaire de canaux peu coûteux qui automatisent le processus" (Keramati et al., 2018). En réduisant la dépendance d'une entreprise à l'égard du personnel pour traiter les transactions, l'internet abaisse les coûts de transaction, ce qui lui confère un avantage en termes de leadership des coûts par rapport aux transactions hors ligne. Il entraîne également une réduction des coûts pour l'utilisateur final et permet de se différencier grâce à des niveaux de service plus élevés à des prix plus bas (Keramati et al., 2018). En outre, comme de plus en plus d'entreprises proposent des produits et des services en ligne, l'avantage en termes de coûts entre les opérations en ligne et hors ligne se réduira progressivement au fil du temps.

iv. Différenciation des canaux

La plate-forme Internet sert également de canal de distribution et de communication sans lieu ni temps. Internet supprime la frontière de la localisation et étend la portée d'une institution financière du local au mondial, 24 heures sur 24, sept jours sur sept, trente jours par mois et avec un assortiment illimité de produits. Les clients peuvent effectuer des transactions avec l'entreprise à tout moment, de jour comme de nuit, quel que soit l'endroit où ils se trouvent dans le monde, contrairement à la société à responsabilité limitée.

et les heures d'ouverture limitées des institutions financières traditionnelles. La différenciation des canaux en ligne s'opère à plusieurs niveaux.

Premièrement, les organisations qui fournissent des informations sur les produits ou les services sur le web ont un avantage sur celles qui ne sont pas présentes sur le web grâce à l'exploitation de l'internet en tant que canal de communication. Deuxièmement, les organisations qui effectuent des transactions commerciales en ligne tirent parti des caractéristiques de l'internet en tant que canal de transaction et de distribution. À un niveau plus élevé, il existe une différenciation des services offerts par les concurrents sur l'internet. En outre, certaines entreprises offrent des services personnels hautement spécialisés - "Do it yourself" - sur leurs sites web, ce qui permet des activités telles que le transfert de services téléphoniques et le paiement de factures en ligne.

v. Différenciation des images

Il est recommandé que "les spécialistes du marketing en ligne améliorent l'expérience en ligne de l'utilisateur afin d'inciter les clients potentiels à acheter" (Khan, 2020). En outre, une entreprise peut se différencier en créant une expérience client unique grâce à un service à la clientèle de qualité supérieure et, par conséquent, marquer l'expérience. Grâce à l'image de marque de l'expérience, "les entreprises peuvent considérablement améliorer leur capacité à fidéliser les clients, à cibler des clients clés, à cibler des segments de clientèle clés et à améliorer la rentabilité du réseau" (Khan, 2020). La nature interactive de l'internet permet aux entreprises de répondre plus rapidement aux demandes et aux besoins des clients. En outre, la rapidité des transactions et des communications sur l'internet permet à l'entreprise de communiquer plus rapidement avec les clients actuels et potentiels, ce qui constitue d'une certaine manière un facteur de réussite essentiel pour conserver les clients actuels et en attirer de nouveaux (Khan, 2020).

2.9 Horloge stratégique

La signification précise de chacune des trois stratégies génériques de Porter a fait l'objet d'un vaste débat ; en particulier, une certaine confusion règne quant à l'association de la maîtrise des coûts et des prix bas proposée par Porter. Pour y remédier, Slack et al. (2007) ont utilisé des stratégies génériques orientées vers le marché similaires à celles de Cliff Bowman et Richard D'Aveni en 1996. Ces stratégies reposent sur l'idée que l'avantage concurrentiel est obtenu en fournissant aux clients ce dont ils ont besoin ou ce qu'ils veulent de manière plus efficace et plus performante que les concurrents. L'horloge stratégique reprend les catégories de différenciation de

Porter et se concentre sur le prix. Il s'agit d'un autre moyen approprié d'analyser la position concurrentielle d'une entreprise par rapport aux offres de ses concurrents.

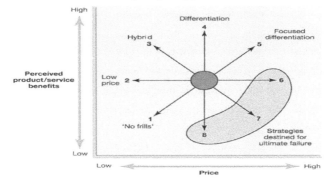

Figure 2.6 : Horloge de la stratégie de Bowman
(Source : http://www.pineint.com/about-us/business-level-strategy/. Consulté le 26/04/2022)

Les décisions des clients sont basées sur leur perception du rapport qualité-prix, la combinaison du prix et des avantages perçus du produit/service. L'horloge stratégique présente différentes positions sur un marché où les clients ou les clients potentiels ont des exigences différentes en matière de rapport qualité-prix. Les points de vue représentent également un ensemble de stratégies génériques permettant d'obtenir un avantage concurrentiel (Slack et al., 2007).

La figure 2.6 illustre les exemples de stratégies concurrentielles variées utilisées par les entreprises en fonction des différentes positions sur l'horloge stratégique.

Les stratégies étant orientées vers le marché, il est essentiel de comprendre les facteurs critiques de succès pour chacun des postes de l'horloge.

Les clients des positions 1 et 2 ne se préoccupent principalement du prix que si les avantages du produit ou du service répondent à leurs exigences minimales. Les clients de la position 5, en revanche, ont besoin d'un produit ou d'un service personnalisé pour lequel ils sont prêts à payer un prix plus élevé.

Le volume et le taux de la demande sur un marché sont moins susceptibles d'être répartis uniformément entre les positions de l'horloge.

Une brève description des itinéraires est présentée ci-dessous :

- Stratégies basées sur le prix (itinéraires 1 et 2) : Il s'agit d'une stratégie sans fioritures qui combine un prix bas avec un produit ou un service perçu comme peu avantageux ; elle se concentre sur le segment de marché sensible au prix. Ce segment peut exister pour les raisons suivantes

- L'existence de marchés de produits de base - Il s'agit de marchés où les clients n'apprécient pas ou ne remarquent pas de différence entre les offres des différents fournisseurs. Le prix devient donc le principal enjeu concurrentiel. Les denrées alimentaires de base en sont un exemple, en particulier dans les économies en développement.

- L'existence de clients sensibles au prix - Ces clients n'ont pas les moyens ou choisissent plutôt de ne pas acheter des produits de meilleure qualité. Ce segment de marché n'est peut-être pas intéressant pour les principaux fournisseurs, mais il offre une opportunité à d'autres.

- Les acheteurs qui ont des coûts de commutation élevés ou faibles, de sorte qu'ils n'ont guère le choix.

- Cette stratégie offre une excellente occasion d'éviter les principaux concurrents - lorsque d'autres fournisseurs se font concurrence sur une autre base, un segment à bas prix pourrait être une chance pour les petits acteurs ou les nouveaux venus de se tailler une place.

Voie 2 : Stratégie de prix bas : Elle vise à obtenir un prix inférieur à celui des concurrents tout en conservant un produit ou un service perçu comme offrant des avantages similaires à ceux proposés par les concurrents. L'avantage concurrentiel d'une stratégie de prix bas peut être obtenu en se concentrant sur un segment de marché peu attractif pour les concurrents et en évitant ainsi les pressions concurrentielles qui érodent les prix. La concurrence par les prix comporte deux écueils :

- Réduction des marges pour tous - En réduisant le prix, on peut obtenir un avantage tactique, mais il est très probable que les concurrents réduiront les marges bénéficiaires de tous.

- Une incapacité à réinvestir - Des marges faibles réduisent les ressources disponibles pour développer des produits et des services et aboutissent à une perte de l'avantage perçu du produit.

- Le faible coût n'est pas en soi une base pour un avantage concurrentiel, le défi étant de savoir comment les coûts peuvent être réduits sans être égalés. C'est difficile mais possible, en pratiquant des marges plus faibles, en ayant une structure de coûts unique et des capacités spécifiques à l'organisation.

Stratégies de différenciation large (itinéraire 4) : Cette stratégie consiste à proposer des produits ou des services qui offrent des avantages différents de ceux des concurrents et qui sont largement appréciés par les acheteurs. L'objectif est d'obtenir un avantage concurrentiel en offrant de meilleurs produits ou services au même prix ou à un prix légèrement supérieur à celui de la concurrence. Le succès de cette stratégie dépend en fait des éléments suivants :

- Identifier et comprendre le client stratégique - L'idée du client stratégique est utile car elle permet d'attirer l'attention sur la cible de la stratégie. Ce n'est pas toujours simple. Par exemple, dans le secteur de la presse, le client est-il le lecteur du journal, l'annonceur ou les deux ? Il est essentiel de détecter les facteurs critiques de succès, car ce qui est apprécié par le client stratégique peut également être considéré comme acquis par les dirigeants d'une organisation.

- Identifier les principaux concurrents - Une organisation doit déterminer contre qui elle est en concurrence. Tous les acteurs de chaque groupe stratégique doivent décider qui ils considèrent comme des concurrents et, à partir de là, quelles bases de différenciation ils souhaitent adopter.

- Difficulté d'imitation - Une organisation doit évaluer la facilité avec laquelle elle peut être imitée par ses concurrents.

- Le degré de vulnérabilité à la concurrence basée sur les prix - Les clients sont sensibles aux prix sur certains marchés. Dans ce cas, la base de différenciation n'est pas suffisante face à des prix plus bas.

Stratégie hybride (itinéraire 3) : Cette stratégie consiste à rechercher simultanément la différenciation et des prix bas par rapport aux concurrents. Son succès dépend de la capacité de l'organisation à offrir des avantages accrus aux clients et des prix bas, tout en dégageant des marges suffisantes pour réinvestir afin de maintenir et de développer les bases de la différenciation.

Le débat porte sur la question de savoir si la stratégie hybride peut être une stratégie concurrentielle efficace, plutôt qu'une concession sous-optimale entre prix bas et différenciation. Toutefois, la stratégie hybride est avantageuse dans les cas suivants :

- Il est possible d'atteindre des volumes beaucoup plus élevés que les concurrents d'une organisation. Ainsi, les marges peuvent encore être meilleures à partir d'une base de coûts peu élevée.
- Des réductions de coûts sont possibles en dehors de ses activités différenciées - IKEA en est un exemple.
- Elle peut être utilisée comme stratégie d'entrée sur un marché où les concurrents sont bien établis.

Différenciation ciblée (itinéraire 5) : Cette stratégie permet d'offrir un produit ou un service perçu comme très avantageux, ce qui justifie une majoration de prix, généralement pour un marché ou un créneau sélectionné. La différenciation ciblée soulève toutefois des questions importantes :

- Il faudrait probablement choisir entre une stratégie ciblée (position 5) et une différenciation large (position 4). Si une entreprise a l'intention de suivre une stratégie qui impliquera une croissance internationale, elle devra choisir entre la construction d'un avantage concurrentiel basé sur un produit et une marque mondiaux (voie 4) ou l'adaptation de son offre à des marchés spécifiques (voie 5).
- Tensions entre d'autres stratégies et la stratégie de focalisation - Un exemple est celui du constructeur automobile Ford qui a acquis Jaguar et Aston Martin. Il s'est vite rendu compte qu'il n'était pas possible de gérer les voitures de grande diffusion de la même manière qu'il le faisait. En 2007, Ford a cédé Aston Martin et cherchait à en céder d'autres. Ces tensions entravent le niveau de diversité du positionnement stratégique qu'une organisation peut maintenir.
- Conflit probable avec les attentes des parties prenantes - Une bibliothèque publique, par exemple, pourrait être plus rentable si elle concentrait ses efforts de développement sur les services d'information en ligne basés sur les technologies de l'information. Toutefois, cela risque d'entrer en conflit avec son objectif d'inclusion sociale, en excluant les personnes qui ne maîtrisent pas les technologies de l'information.

- Dynamique de croissance des nouvelles entreprises - Les nouvelles entreprises démarrent généralement de manière ciblée, c'est-à-dire en proposant des produits et des services innovants pour répondre à des besoins spécifiques. Il peut toutefois s'avérer difficile de trouver de nouveaux moyens de développer de telles entreprises et passer de la voie 5 à la voie 4 signifie réduire les prix et les coûts tout en conservant des caractéristiques de différenciation.

L'évolution du marché peut éroder les différences entre les segments, laissant l'organisation ouverte à une concurrence beaucoup plus large. Les clients peuvent devenir réticents à payer un supplément de prix à mesure que les caractéristiques des offres habituelles s'améliorent. De plus, les offres différenciées des concurrents peuvent accentuer la segmentation du marché. On peut citer l'exemple des restaurants "haut de gamme" qui ont été touchés par la hausse des prix dans d'autres secteurs et par l'apparition de restaurants "de niche".

Stratégies d'échec (itinéraires 6, 7 et 8) : La stratégie de l'échec n'offre pas de valeur perçue pour l'argent en termes de prix ou de caractéristiques du produit, ou les deux. Ainsi, les politiques proposées par les voies 6, 7 et 8 sont probablement vouées à l'échec. L'option 6 prévoit une augmentation du prix sans que le produit ou le service ne soit plus avantageux pour le client. L'option 7 est moins bonne, car elle réduit les avantages du produit ou du service tout en augmentant le prix. L'option 8, qui consiste à réduire les avantages tout en maintenant le prix, est également dangereuse. Le risque est grand que les concurrents augmentent considérablement leur part de marché. Il s'agit là d'une autre source d'échec, à savoir l'incertitude d'une entreprise quant à sa stratégie générique fondamentale. Elle finit donc par être coincée au milieu, selon la définition de Porter (1980).

2.10 Excellence opérationnelle et prestation de services

Selon Teixeira, Patrício, Nunes & Nobrega, 2012), les quatre domaines clés qui sont importants pour atteindre la qualité de service comprennent - les rencontres de service (moment de vérité), la conception de service, la productivité de service et la culture d'entreprise. Le moment de vérité est le reflet de la qualité totale du service évaluée à plusieurs reprises, ce qui permet d'attirer et de conserver des relations à long terme avec les clients. Dans la conception des services, le prestataire doit disposer du personnel, des processus et de la technologie appropriés pour atteindre une efficacité et une efficience maximales afin de répondre aux attentes des clients, voire de les dépasser. La productivité des services décrit la relation entre la qualité, la qualité de la prestation de services et les ressources employées dans la prestation de services. La culture d'entreprise a montré qu'elle avait une grande influence sur la qualité des services fournis. Attirer et retenir les bons talents, gérer correctement les ressources humaines et d'autres modèles organisationnels peuvent être une source d'avantage concurrentiel pour une organisation spécifique. La culture organisationnelle a un effet sur les relations externes et internes dans la prestation de services. Une bonne culture organisationnelle peut se caractériser par un style de gestion approprié, une confiance organisationnelle, une loyauté et un environnement de travail adéquat. Une culture d'entreprise remarquable conduira à un degré élevé de confiance des employés dans la gestion de l'organisation (Teixeira et al., 2012).

Slack et al. (2007) estiment que la fourniture cohérente de biens et de services de qualité aux clients internes et externes a des effets bénéfiques sur les recettes et les coûts, grâce à de meilleures ventes et à des prix plus élevés sur le marché, ainsi qu'à une amélioration de l'efficacité, de la productivité et de l'utilisation du capital.

Salim, Setiawan, Rofiaty et Rohman (2018) ont défini la qualité de service comme la comparaison entre les attentes et les performances. Si la performance n'est pas à la hauteur des attentes, la perception de la qualité sera inférieure à la satisfaction, ce qui entraînera l'insatisfaction des clients (Sachdev & Verman, 2004). La qualité du service est également un antécédent de la satisfaction globale, qui semble être principalement une évaluation cognitive de la qualité par le client (Salehi et al., 2015). Elle vise à améliorer les processus opérationnels, à identifier les problèmes rapidement et systématiquement, à établir des mesures viables et fiables de la performance des services sur la satisfaction des clients et d'autres résultats de performance (Salim et al., 2018). La gestion de la qualité des services est essentielle pour répondre aux attentes des clients et les dépasser lorsqu'elle est mise en œuvre de manière professionnelle et garantit la compétitivité économique. La combinaison d'un produit de bonne qualité et d'un service de grande qualité ne conduira pas à une croissance agressive de l'activité, mais créera un avantage concurrentiel pour une organisation. La capacité à réconcilier la perception des clients avec leurs attentes est le point de départ de la gestion de la qualité du service. Les attentes des clients en matière de service proviennent de sources telles que l'expérience passée, la publicité, le bouche-à-oreille et bien d'autres encore. À long terme, les clients comparent le service perçu au service attendu. Lorsque le service perçu est inférieur au service attendu, le client exprime un certain niveau de déception, d'où l'existence d'un écart par rapport à ses attentes. La satisfaction peut être considérée comme une combinaison de réponses émotionnelles et cognitives (Zeithaml et al., 2006). La perception du service affecte le sentiment de satisfaction, qui influence finalement la probabilité que le client soutienne le service à l'avenir (Soltani & Navimipour, 2016). La croissance des entreprises ne vient pas seulement de la satisfaction des clients, mais aussi du dépassement de leurs attentes (Kotler et Keller, 2012).

Défaillance de la prestation de services et rétablissement

Dans la littérature sur le marketing des services, l'échec et le rétablissement sont généralement considérés comme deux concepts liés au contexte qui, en fin de compte, ont un impact positif sur la satisfaction après le rétablissement. Cependant, certaines données suggèrent que la fidélisation des clients joue également un rôle prépondérant dans la détermination de la satisfaction des clients après une défaillance. Peppers et Rogers (2017) indiquent que la fidélité du client peut avoir des conséquences inattendues sur le rétablissement du service, en particulier si le client est émotionnellement lié à la rencontre avec le service et qu'il ressent un sentiment de trahison lorsque la défaillance du service se produit, ce qui entraîne une forte diminution des attitudes après le rétablissement. Cette perspective a également été examinée par Thakur et Summey (2010), qui se sont penchés sur la création d'approches contextuelles pour l'étude des défaillances/récupérations de services. Leurs conclusions corroborent celles de Teixeira et al. (2012), qui ont établi une analogie entre les contingences et les dépendances liées à la justice interactionnelle et à la justice distributive. La figure 2.7 ci-dessous illustre de manière adéquate les facteurs variables susceptibles d'entraver la satisfaction du client dans un contexte où le contexte de l'échec s'accroît du fait de l'évaluation du contexte de l'échec par le client. La perception de l'échec par le client peut donc être modérée par les stratégies de rétablissement si elles se concentrent sur la théorie de l'attribution en tant que source de déclencheurs émotionnels positifs ou négatifs dans le contexte postplainte du consommateur.

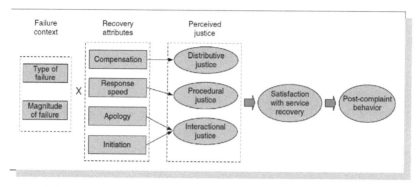

Figure 2.7 Cadre d'évaluation par le client de la rencontre entre la défaillance et le rétablissement.

Source : Sharma et Rather (2015).

Les clients qui sont moins liés à l'offre de services ou au prestataire de services peuvent se montrer plus indulgents en cas de défaillance du service, et le processus de rétablissement est plus utile que les clients qui ont tendance à être intimement liés à l'offre de services et au prestataire de services. Les chercheurs ont suggéré que ce niveau d'attachement, qu'il soit faible ou élevé, dépendrait du type de service, du contexte et de l'ampleur du comportement efficace affiché par le client. Sharma et Rather (2015) ont observé ce phénomène dans une étude qu'ils ont menée dans des pays développés et en développement, dans laquelle ils ont utilisé un cadre de référence directement lié au pouvoir économique et à la dynamique puissance-distance de Hofstede, qui est considérée comme plus prononcée et liée à la culture, aux attitudes et aux systèmes de croyance dans la plupart des pays en développement. Ils concluent que la qualité des services et les attentes sont moindres dans les pays en développement en raison de ce qu'ils considèrent comme une zone de tolérance plus étendue pour les services inefficaces, ce qui se traduit par des améliorations à peine intermittentes de la qualité et de la fourniture des services.

2.11 Résumé de l'analyse documentaire

Dans ce chapitre, les différentes facettes des stratégies de différenciation qui s'appliquent aux industries de produits et de services, en particulier au secteur bancaire, ont été examinées. Différents cadres tels que les cadres CRM de Winer (2001), le cadre de fidélisation de la clientèle de LRC (2014) et la théorie de la différenciation et de l'avantage concurrentiel de Porter (1985), le cadre théorique, ont été mis en exergue dans l'examen. Il ressort de la littérature empirique que la différenciation est le lien entre les compétences de base de l'entreprise et l'avantage concurrentiel. Le tableau 2.1 résume l'analyse documentaire en indiquant les principaux thèmes et les principaux auteurs.

Tableau 2.1 Résumé de l'analyse documentaire

Thèmes principaux	Principaux auteurs
Le concept de gestion des relations avec la clientèle	Porter (1985) Payne et Frow (2006), (Choudhury & Harrigan, 2014). Dadzie (2017), (Das & Ravi, 2021). Dhingra et Dhingra (2013) Butt (2021) Cavallone et Modina (2013) Elena (2016) Farmania, Elsyah et Tuori (2021 Freeman (2012), (Ghalenooie, & Sarvestani, 2016). (Hajikhani, Tabibi & Riahi, 2016). (Grewal & Roggeveen, 2020). Hamakhan (2020)
Gestion des relations avec la clientèle Objectifs	Hammoud, Bizri et El Baba (2018) (Feyen, Frost, Gambacorta et Natarajan, 2021). (Diffley & McCole, .2015). Kotler et Keller (2012), (Kocoglu, 2012). (Khasawneh, & bu-Shanab, 2012). (Khan, Salamzadeh, Iqbal, & Yang, 2020) (Khodakarami & Chan, 2014). (Jocovic, Melovic, Vatin & Murgul, 2014) (Jobber, 2004) (Winer, 2001).
Création d'une base de données	(Jobber, 2004). (Winer, 2001). (WMG, 2009). (Vejacka & Stofa, 2017)
Sélection des clients	(Zhang, Hu, Guo, & Liu, 2017). Winer (2001)

Ciblage des clients	(Vutete, Tumeleng & Wadzanayi, 2015). Jobber (2004) Zhu, Liu, Song, Wu (2021),
Marketing relationnel	(Kotler & Armstrong, 2008). (Usman, Jalal & Musa, 2012). (Winer, 2001)
Questions relatives à la protection de la vie privée	(Vimala, 2016). Winer (2001)
Métriques	(Wang, 2008). (Tseng & Huang, 2012)
Facteurs cruciaux influençant la gestion de la relation client (personnes, processus et technologie)	(WMG, 2009) (Tjiptono & Gregorius, 2011) (Jobber, 2004)
Analyse de la clientèle	Kotler (2010). Kotler et Keller (2012) Kocoglu (2012) (Kombo, 2015). (Khrais, 2017).
Cadre théorique	Winer (2001). Porter (1985) (Acquaah & Yasai-Ardekani, 2008). (Kaplan & Norton, 2000 ; Jocovic et al., 2014). (Vimala, 2016). (Freeman, 2012). Sachdev et Verma (2004) Salehi, Kheyrmand et Faraghian (2015) Kotler et Keller (2012) (Kothari, 2017). Khodakarami et Chan (2014).
Stimuler la croissance par la différenciation des produits	(Keramati, Apornak, Abedi, Otrodi & Roudneshin, 2018). (Kocoglu, 2012). (Khodakarami & Chan, 2014). (Keramati et al., 2018). (Kaplan & Norton, 2000). (Abu Aliqah, 2012). Kotler (1991) (Kotler, 1999). (Zott et al., 2011 ; Amoako-Gyampah & Acquaah, 2008 ; Porter, 1985).
Matrice BCG	(Hill, 1985). (Zott et al., 2011) Porter (1985). (Slack et al., 2007). (Amoako-Gyampah & Acquaah, 2008).
Cycle de vie du produit	(Freeman, 2012) (Proctor, 2002) (Jobber, 2004), (Javed & Cheema, 2017). (Kotler & Keller, 2012)

Analyse SWOT	(Heskett, 1976). (Daft, 1988) (Kotler & Keller, 2012). (Zott et al., 2011)
Autres axes de différenciation	(Keramati et al., 2018). (Khan, 2020). Slack et al. (2007) Porter (1980).
Excellence opérationnelle et prestation de services	Teixeira, Patrício, Nunes & Nobrega (2012), Slack et al. (2007) Salim, Setiawan, Rofiaty et Rohman (2018) (Sachdev & Verman, 2004). (Salehi et al., 2015). (Soltani & Navimipour, 2016). (Kotler et Keller, 2012).
Défaillance de la prestation de services et rétablissement	Peppers et Rogers (2017) Thakur et Summey (2010) Sharma et Rather (2015).

2.12 Conclusion

Ce chapitre a passé en revue les différentes publications relatives à la gestion de la relation client (GRC), y compris le cadre théorique du présent document, puis la manière dont la GRC s'applique aux clients au sein d'une organisation. Il s'est ensuite penché sur le concept de différenciation et de récupération des services. Le chapitre suivant porte sur la méthodologie utilisée pour mener à bien la recherche.

CHAPITRE TROIS
CONCEPTION DE LA RECHERCHE ET MÉTHODOLOGIE

3.1   Introduction

Ce chapitre vise à examiner la méthodologie de recherche adoptée dans cette étude.
Pour ce faire, la conception de la recherche, la taille de l'échantillon, la collecte des
données et les techniques d'analyse seront examinées.

3.2   Conception de la recherche

La conception de la recherche était une enquête descriptive qui a utilisé l'approche
quantitative pour la collecte de données afin de fournir des réponses aux questions de
recherche. Selon Leedy et Ormrod (2016), la recherche par sondage consiste à acquérir
des informations sur les caractéristiques, les opinions, les expériences ou les attitudes
d'un ou de plusieurs groupes de personnes en leur posant des questions et en compilant
leurs réponses. L'objectif est d'en savoir plus sur une population en interrogeant un
échantillon de cette même population. Elle décrit l'état des choses tel qu'il existe
actuellement (Kothari, 2004). L'enquête a été utilisée pour recueillir des informations
axées sur les variables de l'étude et pour fournir des réponses aux questions de l'étude.
L'enquête descriptive est également appelée enquête normative.

3.3   Population

Selon Kothari (2004), la population comprend tous les éléments pris en considération
dans n'importe quel domaine d'enquête. C'est ce que l'on appelle communément la
population universelle. La population universelle de l'étude comprend les employés à
temps plein de la Zenith Bank, soit 6337 personnes, ainsi que les clients fortunés de la
banque dont le solde annuel du compte s'élève à 20 milliards de nairas.

Tableau 3.1 Répartition de la population du personnel

Statut	Population
Personnel subalterne	5982
Encadrement intermédiaire	283
Personnel d'encadrement	72

Total	6337

3.4   Échantillon et technique d'échantillonnage

Deux échantillons ont été utilisés pour l'étude, à savoir le personnel et les clients fortunés de la banque dont le solde annuel du compte s'élève à 20 milliards de nairas. La taille de l'échantillon de 362 est obtenue à partir de la population cible de 6337 en utilisant le calculateur de taille d'échantillon à un niveau de confiance de 95% et un intervalle de confiance de 5. Tous les membres de l'échantillon sont des employés de la Zenith Bank. En substance, la technique d'échantillonnage est un échantillonnage aléatoire stratifié et proportionnel pour le personnel, qui a été adopté pour la collecte et l'analyse des données quantitatives.

Tableau 3.2 Répartition de l'échantillonnage

Statut du personnel	Taille de l'échantillon	Technique d'échantillonnage	Instrument de recherche
Cadres supérieurs	72/6337*362=4	L'échantillonnage proportionnel	Questionnaire
Encadrement intermédiaire	283/6337*362=16	L'échantillonnage proportionnel	Questionnaire
Personnel subalterne	5982/6337*362=342	L'échantillonnage proportionnel	Questionnaire
Clients fortunés	216	Échantillonnage raisonné	Questionnaire
Total	578		

Grâce à l'attribution de numéros, les différentes tailles d'échantillon en fonction des strates ont été étudiées. Un logiciel de partage de l'Internet (www.randmizer.org) a été utilisé pour sélectionner aléatoirement l'échantillon pour chaque strate. La taille de l'échantillon pour les clients fortunés est de 216 personnes qui ont été sélectionnées à dessein pour l'étude et qui répondaient au critère d'un solde de compte annuel de 20 milliards de nairas. Au total, la taille de l'échantillon utilisé pour l'étude était de 578.

3.5 Instruments de recherche

Les trois instruments de recherche utilisés ont été spécifiquement conçus par le chercheur et utilisés pour sonder le personnel et les clients de la banque sur la gestion des relations avec la clientèle. Pour le personnel, 19 questions soigneusement élaborées ont été conçues pour l'enquête auprès du personnel, tandis que le questionnaire de l'enquête auprès des clients contenait 22 questions. Le chercheur a utilisé une échelle de Likert de un (1) à quatre (4) pour concevoir les deux questionnaires utilisés dans cette étude. Le troisième instrument est adapté des travaux de Drotskie (2009). Selon Drotskie (2009), le Council on Financial Competition (2005:1) a mis au point un modèle de banque de détail de classe mondiale à 20 attributs, idéal pour évaluer les compétences des banques de détail. Ces attributs sont les suivants : développement de produits, rentabilité des clients, optimisation des ressources des canaux, expérience des clients, communication avec les clients, achat de produits, résolution de problèmes, planification des canaux, distribution multicanal intégrée, service axé sur le client, amélioration continue du service, stratégie des succursales, segmentation des clients, développement des relations avec les clients, clarté de la marque, gestion des clients, avantages relationnels, ventes axées sur les clients, ventes axées sur les besoins des clients et développement des ressources de vente. Ces clients et employés sont des parties prenantes essentielles dont les opinions sur le sujet de la recherche sont importantes pour fournir des réponses utiles à l'analyse.

Tableau 3.3 Questions et instruments de recherche

Questions de recherche	Instruments de recherche
1) Déterminer le point de vue du personnel de la Zenith Bank sur ses produits et sur l'adoption d'une stratégie de relation avec la clientèle et son effet sur la croissance des revenus	Annexe A - Questionnaire CRM pour le personnel (CRMQFS)
2) Déterminer l'opinion des clients de la Zenith Bank sur ses produits et l'adoption d'une stratégie de gestion des relations avec la clientèle.	Annexe B - Questionnaire CRM pour les clients fortunés (CRMQFHNWC)

3) Déterminer les différentiateurs de produits/services susceptibles d'améliorer la gestion des relations avec la clientèle au sein de la Zenith Bank ?	Questionnaire sur les différentiateurs pour la prestation de services dans les banques (DFSDIBQ)

3.6 Validité de l'instrument de recherche

L'instrument de recherche a été dûment validé sur le plan de la validité apparente et de la validité de contenu par le superviseur du chercheur, qui a examiné les éléments de l'enquête et approuvé l'instrument de recherche comme utilisable.

Yin (2003) suggère que la validité de la recherche doit être abordée sous l'angle de la validité apparente et de la validité de contenu. Ce point de vue implique que la validité de la recherche détermine son intégrité. En tant que telle, elle peut révéler dans quelle mesure une recherche similaire peut être couronnée de succès. Le concept de validité apparente se concentre sur la manière dont l'instrument de recherche semble satisfaire les résultats souhaités de la procédure de recherche (Creswell, 2018).

3.7 Fiabilité de l'instrument de recherche

La fiabilité de la recherche est décrite comme la mesure dans laquelle la recherche peut être répétée pour obtenir des résultats similaires (Creswell & Plano, 2018). Yin (2003) suggère que la fiabilité de la recherche peut être assurée en prenant plusieurs mesures opérationnelles dans le cadre du processus de recherche. Conformément à cette idée, le chercheur a assuré la fiabilité de cette recherche en menant une série d'actions - qui comprennent :

- Le chercheur a expliqué en détail la conception et l'approche de la recherche mises en œuvre dans cette étude.
- Des détails complets sur la technique d'échantillonnage adoptée dans cette recherche ont été expliqués.
- La méthode de collecte et d'analyse des données utilisée dans le cadre de cette étude a été expliquée en détail.

- Une étude pilote a été réalisée pour vérifier la fiabilité de l'instrument de recherche à l'aide d'une statistique de corrélation appropriée.
- Une méthode test-retest a été utilisée pour obtenir la fiabilité à l'aide de la statistique de corrélation du moment produit de Pearson, qui a donné un coefficient de corrélation de
  - $r=0,73$ pour le questionnaire de l'annexe A
  - $r=0,81$ pour le questionnaire de l'annexe B
  - $r=0,91$ pour le questionnaire de l'annexe C

3.8   Collecte des données

Afin de comprendre l'efficacité de la gestion des relations avec la clientèle au sein de la Zenith Bank, des questionnaires ont été utilisés pour collecter des données. Les données de l'étude ont été administrées via le système de courrier interne de la banque. L'utilisation de cette méthode a permis au chercheur d'atteindre les personnes interrogées en peu de temps. Les 362 personnes interrogées ont été échantillonnées en garantissant la confidentialité et l'anonymat des personnes interrogées. L'enquête a duré quatre semaines.

3.9 Analyse des données

Dans cette étude, le chercheur adopte une méthode de recherche déductive avec une orientation quantitative. Sur la base de cette approche de recherche, l'utilisation de questionnaires est adoptée pour aider à recueillir des données auprès du personnel de la Zenith Bank concernant l'état actuel de la gestion efficace des relations avec la clientèle au sein de la banque. Le chercheur a utilisé une échelle de Likert de un (1) à quatre (4) pour concevoir les deux questionnaires utilisés dans cette étude. Les questionnaires ont été créés pour recueillir des données auprès des clients fortunés et du personnel de la Zenith Bank. Ces questionnaires ont été alignés sur les trois objectifs de recherche définis dans le premier chapitre de ce document. Les données recueillies dans le cadre de cette étude ont été analysées à l'aide de la méthode de tabulation des données. Cette méthode vise à présenter les données recueillies auprès du personnel et des clients de la Zenith Bank sous forme de tableau, ce qui permet au chercheur d'identifier les tendances sur la base de la distribution de la fréquence des répondants à chaque question.

3.10 Étude pilote

Le chercheur a réalisé une étude pilote pour déterminer dans quelle mesure les objectifs et les questions de la recherche seraient atteints et trouveraient une réponse, respectivement. Cette étude a également été réalisée pour déterminer les ressources nécessaires à la réalisation de la recherche. Cette étude pilote visait à déterminer si la recherche pouvait être réalisée du point de vue de la gestion du temps.

Pour réaliser cette étude pilote, le même questionnaire que celui utilisé pour la recherche primaire a été appliqué à l'étude pilote. Au total, dix (10) personnes ont été choisies pour participer à l'étude pilote. Il convient de préciser que les données recueillies auprès de ces dix (10) personnes provenaient du personnel de la banque et ne faisaient pas partie de la population utilisée pour l'étude principale.

A partir des résultats de l'étude pilote, le chercheur a vu la nécessité de mener une étude complète sur un échantillon total de 362 personnes afin de mieux comprendre la situation actuelle de la Zenith Bank. Les résultats de l'étude pilote ont également révélé la possibilité de répondre aux questions de recherche si une étude complète est réalisée sur un échantillon beaucoup plus important.

3.11 C Résumé du chapitre

Ce chapitre présente la méthodologie de recherche adoptée pour répondre aux objectifs de cette étude. Une approche quantitative a été adoptée dans ce document afin de garantir l'objectivité des résultats de cette recherche. Le modèle d'enquête descriptive a été considéré comme le modèle de recherche le plus approprié pour cette étude. Un questionnaire structuré a été utilisé pour recueillir des données auprès du personnel de la Zenith Bank et des thèmes sont utilisés pour structurer et simplifier l'analyse des données recueillies. Le chapitre suivant présente les données recueillies auprès du personnel de la Zenith Bank.

CHAPITRE QUATRE
L'ANALYSE DES DONNÉES

4.1 Introduction

Ce chapitre présente les données obtenues grâce à l'enquête menée auprès du personnel de la Zenith Bank afin d'apporter des réponses aux trois questions de recherche.

- Déterminer le point de vue du personnel de la Zenith Bank sur ses produits et l'adoption d'une stratégie de gestion des relations avec la clientèle et son effet sur la croissance des revenus.

- Déterminer l'opinion des clients de la Zenith Bank sur ses produits et l'adoption d'une stratégie de gestion des relations avec la clientèle.

- Quels sont les différentiateurs de produits/services susceptibles d'améliorer la gestion des relations avec la clientèle au sein de la Zenith Bank ?

4.2 Profil de l'échantillon

L'échantillon de l'étude était de 578 personnes, dont 362 membres du personnel et 216 clients. Sur les 724 exemplaires du questionnaire (362 pour le CRMQFS et 362 pour le DFSDIBQ) envoyés au personnel, seuls 345 ont été renvoyés, entièrement remplis, et ont donc été utilisés pour l'analyse. L'enquête a duré quatre semaines. Pour les clients, sur les 216 exemplaires du questionnaire CRMQFHNWC, seuls 203 exemplaires ont été entièrement remplis et donc utilisés pour l'analyse. Le processus d'enquête a permis d'obtenir des données substantielles sur la gestion de la relation client de la banque.

4.3 Présentation des données

4.3.1 **Réponses au questionnaire sur la gestion des relations avec le personnel**
Question de **recherche 1 :** Déterminer le point de vue du personnel de la Zenith Bank sur ses produits et l'adoption d'une stratégie de gestion des relations avec la clientèle et son effet sur la croissance des revenus.

L'annexe A - Questionnaire CRM pour le personnel (CRMQFS) a été utilisée pour répondre à la question 1 de la recherche. Les réponses proviennent du personnel de la banque Zenith.

Tableau 4.1 : Points de vue du personnel sur la gestion de la relation client

n=345

s/n	Thèmes	Tout à fait d'accord	Accorder	Pas d'accord	Pas du tout d'accord
1	L'organisation s'efforce de satisfaire ses clients	104 30.1%	86 24.9%	90 26.1%	65 18.8%
2	Les réclamations des clients sont traitées rapidement	75 21.7%	81 23.4%	108 31.3%	81 23.4%
3	Les clients satisfaits restent dans la banque	104 30.1%	86 24.9%	90 26.1%	65 18.8%
4	La fidélisation des clients augmente la rentabilité	180 52.2%	120 34.8%	45 13%	0
5	Le personnel de la Zenith Bank comprend parfaitement les besoins des clients	75 21.7%	81 23.4&	108 31.3%	81 23.4%
6	Les employés de la Zenith Bank sont davantage habilités à répondre efficacement aux besoins des clients.	60 17.4%	94 27.2%	115 32.8%	76 22%
7	Zenith Bank s'intéresse de près aux préférences de ses clients	104 30.1%	86 24.9%	90 26.1%	65 18.8%
8	Zenith Bank souhaite vivement entretenir une relation de qualité avec ses clients.	104 30.1%	86 24.9%	90 26.1%	65 18.8%
9	Les clients quittent les organisations avec le souhait de revenir	75 21.7%	81 23.4%	108 31.3%	81 23.4%
10	Les clients recommandent l'organisation à leurs autres	75	81	108	81

	relations d'affaires et à leurs connaissances.	21.7%	23.4&	31.3%	23.4%
11	Le personnel est capable d'établir une relation de confiance et de foi avec les clients.	60 17.4%	94 27.2%	115 32.8%	76 22%
12	Plus les clients sont satisfaits, plus les revenus des banques augmentent.	180 52.2%	120 34.8%	45 13%	0
13	Les membres du personnel prennent au sérieux la gestion des relations avec la clientèle à la Zenith Bank	60 17.4%	94 27.2%	115 32.8%	76 22%
14	Zenith Bank offre des incitations spéciales et des privilèges à ses clients réguliers.	60 17.4%	94 27.2%	115 32.8%	76 22%
15	Il y a une forte volonté d'entretenir une relation de qualité avec les clients.	60 17.4%	94 27.2%	115 32.8%	76 22%
16	La Zenith Bank adopte la différenciation des produits et des services	60 17.4%	94 27.2%	115 32.8%	76 22%
17	La stratégie de marketing actuellement adoptée par la Zenith Bank est efficace	60 17.4%	94 27.2%	115 32.8%	76 22%
18	Le marketing mix comme élément essentiel de la Zenith Bank	75 21.7%	81 23.4&	108 31.3%	81 23.4%
19	La Zenith Bank dispose d'une politique de prestation de services	60 17.4%	94 27.2%	115 32.8%	76 22%

- La question de savoir si l'organisation s'efforce de satisfaire ses clients a révélé que 30,1 % des répondants étaient tout à fait d'accord et 24,9 % d'accord, tandis que 26,1 % n'étaient pas d'accord et 18,8 % n'étaient pas du tout d'accord.
- Les données relatives à la rapidité de traitement des plaintes des clients révèlent que 21,7 % des répondants sont tout à fait d'accord et 23,4 % sont d'accord, tandis que 31,3 % ne sont pas d'accord et 23,4 % ne sont pas du tout d'accord.
- La question de savoir si les clients satisfaits restent dans la banque et deviennent des ambassadeurs de l'organisation a révélé que 30,1 % des répondants étaient tout à fait d'accord et 24,9 % d'accord, tandis que 26,1 % n'étaient pas d'accord et 18,8 % n'étaient pas du tout d'accord.
- Sur la question de savoir si la fidélisation des clients augmente la rentabilité, 52,2 % des personnes interrogées sont tout à fait d'accord, 34,8 % sont d'accord et seulement 13 % ne sont pas d'accord.
- La question de savoir si le personnel de la Zenith Bank comprend parfaitement les besoins des clients a révélé que 21,7 % des personnes interrogées étaient tout à fait d'accord et 23,4 % d'accord, tandis que 31,3 % n'étaient pas d'accord et 23,4 % n'étaient pas du tout d'accord.
- Données sur les employés de Zenith
- Les banques sont davantage habilitées à répondre aux besoins des clients de manière efficace a révélé que 17,4 % des répondants étaient tout à fait d'accord et 27,2 % d'accord, tandis que 32,8 % n'étaient pas d'accord et 22 % n'étaient pas du tout d'accord.
- La question de savoir si la Zenith Bank s'intéresse de près aux préférences de ses clients et communique efficacement avec eux a révélé que 30,1% des personnes interrogées étaient tout à fait d'accord et 24,9% d'accord, tandis que 26,1% n'étaient pas d'accord et 18,8% n'étaient pas du tout d'accord.
- Les données relatives à la volonté de la Zenith Bank de maintenir une relation privilégiée avec ses clients ont révélé que 30,1 % des personnes interrogées étaient tout à fait d'accord et 24,9 % d'accord, tandis que 26,1 % n'étaient pas d'accord et 18,8 % n'étaient pas du tout d'accord.
- Les données relatives à la question de savoir si les clients quittent les organisations en souhaitant revenir ont révélé que 21,7 % des répondants étaient tout à fait d'accord et 23,4 % d'accord, tandis que 31,3 % n'étaient pas d'accord et 23,4 % n'étaient pas du tout d'accord.
- La question de savoir si les clients recommandent l'organisation à leurs autres associés et connaissances a révélé que 21,7 % des répondants étaient tout à fait d'accord et 23,4 % d'accord, tandis que 31,3 % n'étaient pas d'accord et 23,4 % n'étaient pas du tout d'accord.
- Les données relatives à la capacité du personnel à établir une relation de confiance avec les clients ont révélé que 17,4 % des répondants étaient tout à fait d'accord et 27,2 % d'accord, tandis que 32,8 % n'étaient pas d'accord et 22 % n'étaient pas du tout d'accord.

- Les données relatives à la question de savoir si plus un client est satisfait, plus les revenus de la banque augmentent ont révélé que 52,2 % des répondants étaient tout à fait d'accord, 34,8 % étaient d'accord et seulement 13 % n'étaient pas d'accord.
- La question de savoir si les membres du personnel prennent au sérieux la gestion des relations avec la clientèle à la Zenith Bank a révélé que 17,4 % des personnes interrogées étaient tout à fait d'accord et 27,2 % étaient d'accord, tandis que 32,8 % n'étaient pas d'accord et 22 % n'étaient pas du tout d'accord.
- La question de savoir si Zenith Bank offre des incitations spéciales / des privilèges aux clients réguliers a révélé que 17,4% des personnes interrogées étaient tout à fait d'accord et 27,2% étaient d'accord, tandis que 32,8% n'étaient pas d'accord et 22% n'étaient pas du tout d'accord.
- Les données relatives à la volonté de maintenir une relation privilégiée avec les clients ont révélé que 17,4 % des répondants étaient tout à fait d'accord et 27,2 % d'accord, tandis que 32,8 % n'étaient pas d'accord et 22 % n'étaient pas du tout d'accord.
- Les données relatives à l'adoption par la Zenith Bank d'une différenciation des produits/services ont révélé que 17,4 % des personnes interrogées étaient tout à fait d'accord et 27,2 % étaient d'accord, tandis que 32,8 % n'étaient pas d'accord et 22 % n'étaient pas du tout d'accord.
- Les données relatives à l'efficacité de la stratégie de marketing actuellement adoptée par la Zenith Bank révèlent que 17,4 % des personnes interrogées sont tout à fait d'accord et 27,2 % sont d'accord, tandis que 32,8 % ne sont pas d'accord et 22 % ne sont pas du tout d'accord.
- Les données relatives à l'importance du marketing mix pour la Zenith Bank ont révélé que 21,7 % des personnes interrogées étaient tout à fait d'accord et 23,4 % d'accord, tandis que 31,3 % n'étaient pas d'accord et 23,4 % n'étaient pas du tout d'accord.
- Les données relatives à l'existence d'une politique de prestation de services à la Zenith Bank ont révélé que 17,4 % des personnes interrogées étaient tout à fait d'accord et 27,2 % étaient d'accord, tandis que 32,8 % n'étaient pas d'accord et 22 % n'étaient pas du tout d'accord.

4.3.2 **Réponses au questionnaire sur la gestion de la relation client**

Question de **recherche 2 :** Déterminer l'opinion des clients de la Zenith Bank sur ses produits et l'adoption d'une stratégie de gestion des relations avec la clientèle.

Pour répondre à la question de recherche 2, l'annexe B - CRM Questionnaire for high net worth customers (CRMQFHNWC) a été utilisée. Les réponses proviennent de clients de la banque Zenith.

Tableau 4.2 : Points de vue des clients sur la gestion de la relation client

n=203

s/n	Articles	Tout à fait d'accord	Accorder	Pas d'accord	Pas du tout d'accord
1	Le personnel sait résoudre les problèmes des clients	45 22.1%	55 27.1%	65 32%	38 18.7%
2	Avoir une attitude chaleureuse	40 19.7%	55 27.1%	70 34.4%	38 18.7%
3	Avoir une attitude avenante	42 20.6%	50 24.6%	56 27.5%	55 27.1%
4	Servir efficacement la file d'attente à ce moment-là afin d'assurer sa progression régulière.	38 18.7%	65 32%	61 30%	39 19.2%
5	Avoir une apparence personnelle soignée et professionnelle	45 22.1%	55 27.1%	65 32%	38 18.7%
6	Avoir une apparence soignée	40 19.7%	55 27.1%	70 34.4%	38 18.7%
7	Avoir une apparence soignée et professionnelle	42 20.6%	50 24.6%	56 27.5%	55 27.1%
8	Être facilement joignable, c'est-à-dire facile à contacter.	38 18.7%	65 32%	61 30%	39 19.2%
9	S'adresser aux clients dans une langue qu'ils peuvent comprendre	45 22.1%	55 27.1%	65 32%	38 18.7%
10	Utiliser un langage clair et compréhensible	40 19.7%	55 27.1%	70 34.4%	38 18.7%
11	Utiliser un langage facile à comprendre	42	50	56	55

		20.6%	24.6%	27.5%	27.1%
12	Avoir une attitude respectueuse	38 18.7%	65 32%	61 30%	39 19.2%
13	Avoir une attitude amicale	45 22.1%	55 27.1%	65 32%	38 18.7%
14	Être disposé à aider les clients	40 19.7%	55 27.1%	70 34.4%	38 18.7%
15	Effectuer votre transaction rapidement, c'est-à-dire sans délai	42 20.6%	50 24.6%	56 27.5%	55 27.1%
16	Effectuer votre transaction avec précision, c'est-à-dire correctement du premier coup	38 18.7%	65 32%	61 30%	39 19.2%
17	Démontrer une compréhension des besoins financiers des clients	45 22.1%	55 27.1%	65 32%	38 18.7%
18	Faire preuve de compétence pour répondre à votre demande	40 19.7%	55 27.1%	70 34.4%	38 18.7%
19	Faire preuve d'habileté dans la réalisation de la transaction	42 20.6%	50 24.6%	56 27.5%	55 27.1%
20	Fournir des informations utiles concernant votre demande	38 18.7%	65 32%	61 30%	39 19.2%
21	Fournir des informations utiles concernant votre transaction	45 22.1%	55 27.1%	65 32%	38 18.7%
22	Faire un effort supplémentaire pour aider le client	40 19.7%	55 27.1%	70 34.4%	38 18.7%
23	Traiter le client comme un individu unique	42 20.6%	50 24.6%	56 27.5%	55 27.1%

- Les données relatives à la capacité du personnel à résoudre les problèmes des clients ont révélé que 22,1 % des répondants étaient tout à fait d'accord et 27,1 % d'accord, tandis que 32 % n'étaient pas d'accord et 18,7 % n'étaient pas du tout d'accord.
- Les données relatives à l'attitude chaleureuse du personnel ont révélé que 19,7 % des répondants étaient tout à fait d'accord et 27,1 % d'accord, tandis que 34,4 % n'étaient pas d'accord et 18,7 % n'étaient pas du tout d'accord.
- Les données relatives à l'accessibilité du personnel ont révélé que 20,6 % des répondants étaient tout à fait d'accord et 24,6 % d'accord, tandis que 27,5 % n'étaient pas d'accord et 27,1 % n'étaient pas du tout d'accord.
- Les données relatives à l'efficacité de la gestion de la file d'attente à ce moment-là pour garantir une progression régulière ont révélé que 18,7 % des répondants étaient tout à fait d'accord et 32 % d'accord, tandis que 30 % n'étaient pas d'accord et 19,2 % n'étaient pas du tout d'accord.
- Les données relatives à l'apparence personnelle soignée et professionnelle révèlent que 22,1 % des répondants sont tout à fait d'accord et 27,1 % sont d'accord, tandis que 32 % ne sont pas d'accord et 18,7 % ne sont pas du tout d'accord.
- Les données relatives à la question de savoir si l'on a une apparence personnelle soignée ont révélé que 19,7 % des répondants étaient tout à fait d'accord et 27,1 % étaient d'accord, tandis que 34,4 % n'étaient pas d'accord et 18,7 % n'étaient pas du tout d'accord.
- Les données relatives à l'apparence soignée et professionnelle révèlent que 20,6 % des répondants sont tout à fait d'accord et 24,6 % sont d'accord, tandis que 27,5 % ne sont pas d'accord et 27,1 % ne sont pas du tout d'accord.
- Les données relatives à la facilité de contact, c'est-à-dire à la facilité d'accès, ont révélé que 18,7 % des répondants étaient tout à fait d'accord et 32 % d'accord, tandis que 30 % n'étaient pas d'accord et 19,2 % n'étaient pas du tout d'accord.
- Les données concernant le fait de vous parler dans une langue que vous pouvez comprendre ont révélé que 22,1 % des répondants étaient tout à fait d'accord et 27,1 % d'accord, tandis que 32 % n'étaient pas d'accord et 18,7 % n'étaient pas du tout d'accord.
- Les données relatives à l'utilisation d'un langage clair et compréhensible ont révélé que 19,7 % des répondants étaient tout à fait d'accord et 27,1 % étaient d'accord, tandis que 34,4 % n'étaient pas d'accord et 18,7 % n'étaient pas du tout d'accord.
- Les données relatives à l'utilisation d'un langage facile à comprendre ont révélé que 20,6 % des répondants étaient tout à fait d'accord et 24,6 % d'accord, tandis que 27,5 % n'étaient pas d'accord et 27,1 % n'étaient pas du tout d'accord.
- Les données relatives à l'attitude respectueuse ont révélé que 18,7 % des répondants étaient tout à fait d'accord et 32 % d'accord, tandis que 30 % n'étaient pas d'accord et 19,2 % n'étaient pas du tout d'accord.

- Les données relatives à l'amabilité révèlent que 22,1 % des répondants sont tout à fait d'accord et 27,1 % sont d'accord, tandis que 32 % ne sont pas d'accord et 18,7 % ne sont pas du tout d'accord.
- Les données relatives à la volonté de vous aider ont révélé que 19,7 % des répondants étaient tout à fait d'accord et 27,1 % d'accord, tandis que 34,4 % n'étaient pas d'accord et 18,7 % n'étaient pas du tout d'accord.
- Les données relatives à la rapidité de la transaction, c'est-à-dire à l'absence de délai, ont révélé que 20,6 % des répondants étaient tout à fait d'accord et 24,6 % d'accord, tandis que 27,5 % n'étaient pas d'accord et 27,1 % n'étaient pas du tout d'accord.
- Les données relatives à l'exactitude de la transaction, c'est-à-dire à la réussite du premier coup, ont révélé que 18,7 % des répondants étaient tout à fait d'accord et 32 % d'accord, tandis que 30 % n'étaient pas d'accord et 19,2 % n'étaient pas du tout d'accord.
- Les données relatives à la compréhension de vos besoins financiers révèlent que 22,1 % des répondants sont tout à fait d'accord et 27,1 % sont d'accord, tandis que 32 % ne sont pas d'accord et 18,7 % ne sont pas du tout d'accord.
- Les données relatives à la question de savoir si vous avez fait preuve de compétence pour mener à bien votre enquête ont révélé que 19,7 % des répondants étaient tout à fait d'accord et 27,1 % étaient d'accord, tandis que 34,4 % n'étaient pas d'accord et 18,7 % n'étaient pas du tout d'accord.
- Les données relatives à la question de savoir si l'on a fait preuve de compétence pour effectuer la transaction ont révélé que 20,6 % des répondants étaient tout à fait d'accord et 24,6 % étaient d'accord, tandis que 27,5 % n'étaient pas d'accord et 27,1 % n'étaient pas du tout d'accord.
- En ce qui concerne la question de savoir si les informations fournies sont utiles, 18,7 % des répondants sont tout à fait d'accord et 32 % sont d'accord, tandis que 30 % ne sont pas d'accord et 19,2 % ne sont pas du tout d'accord.
- Les données relatives à la fourniture d'informations utiles concernant votre transaction ont révélé que 22,1 % des répondants étaient tout à fait d'accord et 27,1 % d'accord, tandis que 32 % n'étaient pas d'accord et 18,7 % n'étaient pas du tout d'accord.
- Les données relatives à la question de savoir si l'on fait un effort supplémentaire pour aider le client ont révélé que 19,7 % des répondants étaient tout à fait d'accord et 27,1 % d'accord, tandis que 34,4 % n'étaient pas d'accord et 18,7 % n'étaient pas du tout d'accord.
- Les données relatives au traitement du client en tant qu'individu unique ont révélé que 20,6 % des répondants étaient tout à fait d'accord et 24,6 % d'accord, tandis que 27,5 % n'étaient pas d'accord et 27,1 % n'étaient pas du tout d'accord.

4.3.3 Réponses au questionnaire sur les différentiateurs CRM

Question de recherche 3 : Quels sont les différentiateurs de produits/services susceptibles d'améliorer la gestion des relations avec la clientèle au sein de la Zenith Bank ?

Pour répondre à la question 3 de la recherche, l'annexe C - Differentiators for Service Delivery in Banks Questionnaire (DFSDIBQ) a été utilisée. Les réponses proviennent du personnel de la banque Zenith.

Tableau 4.2 : Différenciateurs de services

n=345

s/n	Articles	Tout à fait d'accord	Accorder	Pas d'accord	Pas du tout d'accord
1	Développement d'un produit de qualité	160 46.4%	110 31.9%	45 13%	30 8.7%
2	Grande rentabilité pour les clients	75 22.6%	81 23.5%	108 31.3%	81 23.5%
3	Grande optimisation des ressources du canal	60 17.4%	94 27.2%	115 33.3%	76 22%
4	Une excellente expérience client	104 30.1%	86 24.9%	90 26.1%	65 18.8%
5	Excellente communication avec les clients	160 46.4%	110 31.9%	45 13%	30 8.7%
6	Achat d'un excellent produit	75 22.6%	81 23.5%	108 31.3%	81 23.5%
7	Excellente résolution des problèmes	60 17.4%	94 27.2%	115 33.3%	76 22%
8	Excellente planification des canaux	104 30.1%	86 24.9%	90 26.1%	65 18.8%
9	Grande distribution multicanal intégrée	160	110	45	30

		46.4%	31.9%	13%	8.7%
10	Un service très orienté vers le client	75 22.6%	81 23.5%	108 31.3%	81 23.5%
11	Excellente Amélioration continue du service	60 17.4%	94 27.2%	115 33.3%	76 22%
12	Excellente stratégie de branche	104 30.1%	86 24.9%	90 26.1%	65 18.8%
13	Excellente segmentation de la clientèle	160 46.4%	110 31.9%	45 13%	30 8.7%
14	Développement d'une excellente relation avec les clients	75 22.6%	81 23.5%	108 31.3%	81 23.5%
15	Grande clarté de la marque	60 17.4%	94 27.2%	115 33.3%	76 22%
16	Excellente gestion des clients	104 30.1%	86 24.9%	90 26.1%	65 18.8%
17	Grand avantage relationnel	160 46.4%	110 31.9%	45 13%	30 8.7%
18	Des ventes très orientées vers le client	75 22.6%	81 23.5%	108 31.3%	81 23.5%
19	Vente axée sur les besoins du client	60 17.4%	94 27.2%	115 33.3%	76 22%
20	Développement des ressources commerciales	104 30.1%	86 24.9%	90 26.1%	65 18.8%

- Les données relatives à la question de savoir si le développement de produits de qualité est un facteur de différenciation des services ont révélé que 46,4 % des répondants étaient tout à fait d'accord et 31,9 % d'accord, tandis que 13 % n'étaient pas d'accord et 8,9 % n'étaient pas du tout d'accord.

- Les données relatives à la question de savoir si une rentabilité élevée des clients est un facteur de différenciation des services ont révélé que 22,6 % des répondants étaient tout à fait d'accord et 23,5 % d'accord, tandis que 31,3 % n'étaient pas d'accord et 23,5 % n'étaient pas du tout d'accord.
- La question de savoir si l'optimisation des ressources des canaux est un facteur de différenciation des services a révélé que 17,4 % des répondants étaient tout à fait d'accord et 27,2 % d'accord, tandis que 33,3 % n'étaient pas d'accord et 22 % n'étaient pas du tout d'accord.
- Les données relatives à la question de savoir si une expérience client exceptionnelle est un facteur de différenciation des services ont révélé que 30,1 % des répondants étaient tout à fait d'accord et 24,9 % d'accord, tandis que 26,1 % n'étaient pas d'accord et 18,8 % n'étaient pas du tout d'accord.
- Les données relatives à la question de savoir si une bonne communication avec les clients est un facteur de différenciation des services ont révélé que 46,4 % des répondants étaient tout à fait d'accord et 31,9 % d'accord, tandis que 13 % n'étaient pas d'accord et 8,9 % pas du tout d'accord.
- La question de savoir si l'achat d'un produit de qualité est un facteur de différenciation des services a révélé que 22,6 % des répondants étaient tout à fait d'accord et 23,5 % d'accord, tandis que 31,3 % n'étaient pas d'accord et 23,5 % n'étaient pas du tout d'accord.
- Les données relatives à la question de savoir si une bonne résolution des problèmes est un facteur de différenciation des services ont révélé que 17,4 % des répondants étaient tout à fait d'accord et 27,2 % d'accord, tandis que 33,3 % n'étaient pas d'accord et 22 % n'étaient pas du tout d'accord.
- Sur la question de savoir si une bonne planification des canaux est un facteur de différenciation des services, 30,1 % des répondants sont tout à fait d'accord et 24,9 % sont d'accord, tandis que 26,1 % ne sont pas d'accord et 18,8 % ne sont pas du tout d'accord.
- Sur la question de savoir si une distribution multicanal bien intégrée est un facteur de différenciation des services, 46,4 % des répondants sont tout à fait d'accord et 31,9 % sont d'accord, tandis que 13 % ne sont pas d'accord et 8,9 % ne sont pas du tout d'accord.
- Les données relatives à la question de savoir si un service axé sur le client est un facteur de différenciation des services ont révélé que 22,6 % des répondants étaient tout à fait d'accord et 23,5 % d'accord, tandis que 31,3 % n'étaient pas d'accord et 23,5 % n'étaient pas du tout d'accord.
- Les données relatives à la question de savoir si l'amélioration continue des services est un facteur de différenciation des services ont révélé que 17,4 % des répondants étaient tout à fait d'accord et 27,2 % d'accord, tandis que 33,3 % n'étaient pas d'accord et 22 % n'étaient pas du tout d'accord.
- Sur la question de savoir si une bonne stratégie d'agence est un facteur de différenciation des services, 30,1 % des répondants sont tout à fait d'accord et 24,9

% sont d'accord, tandis que 26,1 % ne sont pas d'accord et 18,8 % ne sont pas du tout d'accord.

- Les données relatives à la question de savoir si une bonne segmentation de la clientèle est un facteur de différenciation des services ont révélé que 46,4 % des répondants étaient tout à fait d'accord et 31,9 % d'accord, tandis que 13 % n'étaient pas d'accord et 8,9 % n'étaient pas du tout d'accord.

- Les données relatives à la question de savoir si le développement des relations avec la clientèle est un facteur de différenciation des services ont révélé que 22,6 % des répondants étaient tout à fait d'accord et 23,5 % d'accord, tandis que 31,3 % n'étaient pas d'accord et 23,5 % n'étaient pas du tout d'accord.

- Sur la question de savoir si la clarté de la marque est un facteur de différenciation des services, 17,4 % des répondants sont tout à fait d'accord et 27,2 % sont d'accord, tandis que 33,3 % ne sont pas d'accord et 22 % ne sont pas du tout d'accord.

- Sur la question de savoir si une bonne gestion de la clientèle est un facteur de différenciation des services, 30,1 % des répondants sont tout à fait d'accord et 24,9 % sont d'accord, tandis que 26,1 % ne sont pas d'accord et 18,8 % ne sont pas du tout d'accord.

- Les données relatives à la question de savoir si les avantages d'une relation privilégiée constituent un facteur de différenciation des services ont révélé que 46,4 % des répondants étaient tout à fait d'accord et 31,9 % d'accord, tandis que 13 % n'étaient pas d'accord et 8,9 % n'étaient pas du tout d'accord.

- Les données relatives à la question de savoir si des ventes très orientées vers le client sont un facteur de différenciation des services ont révélé que 22,6 % des répondants étaient tout à fait d'accord et 23,5 % d'accord, tandis que 31,3 % n'étaient pas d'accord et 23,5 % n'étaient pas du tout d'accord.

- Les données relatives à la question de savoir si les ventes axées sur les besoins des clients sont un facteur de différenciation des services ont révélé que 17,4 % des répondants étaient tout à fait d'accord et 27,2 % d'accord, tandis que 33,3 % n'étaient pas d'accord et 22 % n'étaient pas du tout d'accord.

- Sur la question de savoir si le développement des ressources commerciales est un facteur de différenciation des services, 30,1 % des répondants sont tout à fait d'accord et 24,9 % sont d'accord, tandis que 26,1 % ne sont pas d'accord et 18,8 % ne sont pas du tout d'accord.

4.4 Résumé des résultats

Question de recherche 1 : Déterminer l'opinion du personnel de la Zenith Bank sur ses produits et l'adoption d'une stratégie de gestion des relations avec la clientèle et son effet sur la croissance des revenus.

- La majorité des personnes interrogées reconnaissent que l'organisation s'efforce de satisfaire ses clients.
- Une minorité de personnes interrogées reconnaissent que les plaintes des clients sont traitées rapidement.
- La majorité des personnes interrogées s'accordent à dire que les clients satisfaits restent dans la banque et deviennent des ambassadeurs de l'organisation.
- La majorité des personnes interrogées s'accordent à dire que la fidélisation des clients augmente la rentabilité.
- Une minorité de personnes interrogées s'accordent à dire que le personnel de Zenith Bank comprend les besoins des clients.
- La minorité des personnes interrogées a reconnu que les employés de la Zenith Bank sont davantage habilités à répondre aux besoins des clients de manière efficace.
- La majorité des personnes interrogées s'accordent à dire que la Zenith Bank s'intéresse de près aux préférences de ses clients et communique efficacement avec eux.
- La majorité des personnes interrogées s'accordent à dire que la Zenith Bank est très désireuse de maintenir une relation de qualité avec ses clients.
- Une minorité de personnes interrogées s'accordent à dire que les clients quittent les organisations avec le souhait de revenir.
- Une minorité de personnes interrogées ont reconnu que les clients recommandent l'organisation à leurs autres partenaires commerciaux et connaissances.
- La majorité des personnes interrogées s'accordent à dire que le personnel est capable d'établir une relation de confiance avec les clients.
- La majorité des personnes interrogées s'accordent à dire que plus un client est satisfait, plus les revenus de la banque augmentent.
- Une minorité des personnes interrogées a reconnu que les membres du personnel prennent au sérieux la gestion des relations avec la clientèle à la Zenith Bank.
- La minorité des personnes interrogées est d'accord pour dire que Zenith Bank offre des incitations spéciales / des privilèges aux clients réguliers.
- Une minorité de répondants s'accordent à dire qu'il existe une forte volonté de maintenir une relation de qualité avec les clients.
- Une minorité de personnes interrogées a reconnu que la Zenith Bank adopte une différenciation des produits et des services.
- La minorité des personnes interrogées a reconnu que la stratégie de marketing actuellement adoptée par la Zenith Bank est efficace.
- Une minorité de personnes interrogées ont reconnu que le marketing mix était vital pour la Zenith Bank.
- Une minorité de personnes interrogées a reconnu que la Zenith Bank avait une politique guidant la prestation de services.

Question de **recherche 2 :** Déterminer l'opinion des clients de la Zenith Bank sur ses produits et l'adoption d'une stratégie de gestion des relations avec la clientèle.

- Les personnes interrogées étaient également partagées sur la question de savoir si le personnel était capable de résoudre les problèmes des clients.
- Une minorité de personnes interrogées a reconnu que le personnel était chaleureux.
- Une minorité de personnes interrogées a reconnu que le personnel était accessible.
- Les personnes interrogées se sont également demandé si le personnel s'occupait efficacement de la file d'attente à ce moment-là afin d'en assurer le bon déroulement.
- Les personnes interrogées se sont également demandé si les membres du personnel avaient une apparence personnelle soignée et professionnelle.
- Les personnes interrogées ont également demandé si le personnel avait une apparence personnelle soignée.
- Les personnes interrogées se sont également demandé si le personnel avait une apparence soignée et professionnelle.
- Les personnes interrogées se sont également demandé si le personnel était facilement joignable, c'est-à-dire s'il était facile d'entrer en contact avec lui.
- Les personnes interrogées se sont également demandé si le personnel s'adressait aux clients dans une langue qu'ils pouvaient comprendre.
- Les personnes interrogées se sont également demandé si le personnel utilisait un langage clair et compréhensible.
- Une minorité de répondants a reconnu que le personnel utilise un langage facile à comprendre.
- Les personnes interrogées se sont également demandé si le personnel avait un comportement respectueux.
- Les personnes interrogées se sont également demandé si le personnel était aimable.
- Les personnes interrogées se sont également demandé si le personnel était disposé à les aider.
- Une minorité de personnes interrogées s'accorde à dire que le personnel effectue les transactions rapidement.
- Les personnes interrogées se sont également demandé si le personnel effectuait les transactions avec précision.
- Les personnes interrogées se sont également demandé si les membres du personnel comprenaient leurs besoins financiers.
- Les personnes interrogées se sont également demandé si le personnel faisait preuve de compétence pour répondre à leurs demandes.
- La grande majorité des personnes interrogées s'accordent à dire que le personnel fait preuve d'habileté dans l'exécution de la transaction.
- La majorité des personnes interrogées s'accordent à dire que la fourniture d'informations utiles en rapport avec leurs demandes d'information est une bonne chose.

- Les personnes interrogées se sont également demandé si le personnel fournissait des informations utiles concernant leurs transactions.
- Les personnes interrogées se sont également demandé si le personnel faisait un effort supplémentaire pour aider les clients.
- Une minorité de personnes interrogées a reconnu que le fait de traiter les clients comme des personnes uniques.

Question de recherche 3 : Déterminer les différentiateurs de produits/services susceptibles d'améliorer la gestion des relations avec la clientèle au sein de la Zenith Bank ?

- La majorité des personnes interrogées s'accordent à dire que le développement d'un produit de qualité est un facteur de différenciation des services.
- La majorité des personnes interrogées s'accordent à dire qu'une bonne rentabilité des clients est un facteur de différenciation des services.
- La majorité des personnes interrogées s'accordent à dire qu'une bonne optimisation des ressources des canaux est un facteur de différenciation des services.
- La majorité des personnes interrogées s'accordent à dire qu'une expérience client de qualité est un facteur de différenciation des services.
- La majorité des personnes interrogées s'accordent à dire qu'une bonne communication avec les clients est un facteur de différenciation des services.
- Une minorité de personnes interrogées reconnaissent que l'achat d'un produit de qualité est un facteur de différenciation des services.
- Une minorité de personnes interrogées reconnaissent qu'une bonne résolution des problèmes est un facteur de différenciation des services.
- La majorité des personnes interrogées s'accordent à dire qu'une bonne planification des canaux de distribution est un facteur de différenciation des services.
- La majorité des personnes interrogées s'accordent à dire qu'une distribution multicanal bien intégrée est un facteur de différenciation des services.
- Une minorité de personnes interrogées reconnaissent qu'un service de qualité axé sur le client est un facteur de différenciation des services.
- Une minorité de répondants a reconnu que l'amélioration continue des services est un facteur de différenciation des services.
- La majorité des personnes interrogées s'accordent à dire qu'une bonne stratégie d'agence est un facteur de différenciation des services.
- La majorité des personnes interrogées s'accordent à dire qu'une bonne segmentation de la clientèle permet de différencier les services.
- Une minorité de personnes interrogées reconnaissent que le développement d'une relation client de qualité est un facteur de différenciation des services.
- Une minorité de personnes interrogées reconnaissent que la clarté de la marque est un facteur de différenciation des services.

- La majorité des personnes interrogées reconnaissent qu'une bonne gestion de la clientèle est un facteur de différenciation des services.
- La majorité des personnes interrogées s'accordent à dire que les avantages d'une bonne relation sont un facteur de différenciation des services.
- Une minorité de personnes interrogées reconnaissent que des ventes très orientées vers le client sont un facteur de différenciation des services.
- Une minorité de personnes interrogées reconnaissent que les ventes axées sur les besoins des clients sont un facteur de différenciation des services.
- La majorité des personnes interrogées s'accordent à dire que le développement de ressources commerciales de qualité est un facteur de différenciation des services.

4.5 Discussion des résultats

Gestion de la relation client (CRM)

La gestion de la relation client repose sur l'optimisation de la valeur fournie aux clients et obtenue auprès d'eux, ainsi que sur l'amélioration et l'automatisation des processus commerciaux dans les domaines de la vente, du service à la clientèle, du marketing et de l'assistance (Adiyanto, 2021). Face à la concurrence de plus en plus vive pour le leadership et la domination en matière de marketing, de nombreuses entreprises ont utilisé des systèmes de CRM pour améliorer leur intelligence économique, leur prise de décision, leurs relations avec les clients, leurs offres de produits et la qualité de leurs services. La gestion orientée vers le client est souvent étayée par la satisfaction et l'identification des besoins des clients, ce qui conduit à une meilleure fidélisation de la clientèle, laquelle est basée sur la rentabilité de l'entreprise (Butt, 2021). La croissance rapide des technologies de l'information et de la communication offre aux entreprises d'aujourd'hui plus de possibilités que jamais d'établir, d'entretenir et même de maintenir des relations à long terme avec leurs clients, et la gestion de la relation client doit s'aligner parfaitement sur les demandes en constante évolution des clients, sur la base d'informations intégrées et fiables sur les clients (Cavallone & Modina, 2013). Des recherches antérieures ont montré que la gestion de la relation client fournit à l'organisation des capacités opérationnelles, analytiques et d'orientation. Les capacités analytiques accélèrent la maximisation de la rentabilité de la relation client (Choudhury & Harrigan, 2014). Les capacités opérationnelles influencent la direction du processus de valeur client, dépendent des compétences stratégiques et reflètent l'efficacité de la coopération à long terme et des valeurs organisationnelles. La CRM fonctionnelle implique l'analyse d'une activité appropriée et reproductible, et la CRM analytique se réfère aux processus au niveau de l'entreprise impliqués dans l'analyse des clients et du marché.

L'orientation client

Au-delà des facteurs environnementaux et organisationnels, le succès de la gestion de la relation client dépend d'une stratégie axée sur le client qui est généralement mise en œuvre en réorganisant les processus actuels d'interaction avec les clients et parfois en concevant des processus entièrement nouveaux (Jocovic et al., 2014). L'orientation client désigne l'engagement d'une organisation à identifier et à satisfaire les préoccupations des clients concernant la qualité et la ponctualité de leurs commandes et à répondre à leurs demandes de nouveaux produits et services (Dadzie, 2017). Dans la perspective du cycle de vie du client, une organisation place le client au centre de ses activités. Cette position essentielle de pivot du client suggère que les meilleurs intérêts de tous les participants (internes et externes) au processus d'échange seront servis lorsque l'accent sera mis sur la satisfaction des besoins et des désirs du client. La gestion des connaissances est une condition préalable au commerce électronique et à son orientation de plus en plus centrée sur le client (Das & Ravi, 2021). Les entreprises axées sur le client ont tendance à sacrifier l'efficacité des ressources à une plus grande réactivité aux demandes de leurs clients. En se concentrant sur les besoins des clients, on peut améliorer le service à la clientèle en mettant en œuvre un système d'information approprié qui recueille des informations sur la performance du service à l'intention de la direction (Elena, 2016 ; Dhingra & Dhingra, 2013) et qui offre une assistance supplémentaire.

Adaptation du processus de service

L'adéquation du processus de service a été définie comme une configuration de technologies grâce à laquelle les prestataires de services perçoivent les besoins dynamiques et complexes des clients et y répondent en utilisant les technologies de l'information (Farmania et al., 2021). Du point de vue d'un système d'information performant, l'adéquation du processus de service aux opérations de l'entreprise est nécessaire pour que les activités de CRM soient cohérentes avec le processus de travail orienté vers le client ; la littérature sur l'adéquation du processus s'est penchée sur l'association entre la réussite du système d'information et la rentabilité de la CRM.

Dans l'environnement de la gestion de la relation client centré sur l'information, les entreprises doivent analyser les expériences et les problèmes des clients, puis répondre à leurs besoins et les soutenir en conséquence. La gestion de la relation client doit s'adapter à l'évolution constante des besoins des clients en s'appuyant sur des informations intégrées et fiables. Une grande variété de ressources et de capacités en matière de technologies de l'information sont pertinentes pour la fourniture de services à la clientèle, les technologies génériques comprenant la technologie de numérisation et d'imagerie, les réseaux informatiques avec des agents et des courtiers, les interfaces client sur le web, le suivi des appels et les logiciels de gestion de la relation client, l'intégration de l'informatique et de la téléphonie, et les systèmes experts de service à la clientèle. Bien qu'une grande partie de cette technologie doive en fin de compte être intégrée dans le processus de service à la clientèle d'une entreprise (Feyen et al., 2021 ; Grewal & Roggeveen, 2020 ; Ghalenooie & Sarvestani, 2016), ces applications et technologies sont à la disposition de toutes les entreprises.

Partage des connaissances

Le partage des connaissances des clients peut être considéré comme une ressource clé qui permet à une organisation de renforcer ses relations avec les clients afin de produire un avantage concurrentiel durable (Hajikhani et al., 2016). Hamakhan (2020) estime que les futures recherches sur la gestion de la relation client doivent examiner la manière dont la gestion de la relation client est liée aux modèles d'innovation d'une entreprise et aux gestionnaires de comptes et au personnel du service à la clientèle qui jouent le rôle de frontière dans la gestion de la relation client. Les entreprises ont également recours à différentes formes d'échanges interorganisationnels pour s'assurer les ressources dont elles ont besoin, notamment les licences, les collaborations, les fusions et les acquisitions. Historiquement, la théorie fondée sur les ressources a été élaborée pour comprendre les conditions dans lesquelles les entreprises peuvent conserver et acquérir un avantage concurrentiel (Hammoud et al., 2018). Dans cette perspective, Javed et Cheema (2017) ont indiqué que les compétences de base sont des apprentissages collectifs dans chaque organisation, en particulier ceux liés à la coordination de diverses compétences de production et à l'intégration de multiples flux technologiques. Une compétence de base crée un accès potentiel à une grande variété de marchés et contribue de manière significative aux avantages des produits finaux.

Des recherches antérieures ont montré qu'un système d'information devrait être considéré comme une ressource essentielle, la théorie basée sur les ressources étant utilisée pour déterminer les activités relationnelles (Keramati et al., 2018.).

L'importance du partage des connaissances dans le travail collaboratif a été établie (Jocovic et al., 2014). Un meilleur partage des connaissances a entraîné des avantages organisationnels tels qu'une plus grande intimité avec les clients, une plus grande efficacité du back-office, une adaptation flexible aux changements du marché, une meilleure planification stratégique, une meilleure prise de décision et des processus de gestion de la chaîne d'approvisionnement plus rapides et plus flexibles (Khan et al., 2020). Lakshmi (2020) affirme qu'un partage d'informations inefficace peut conduire à des projets souffrant de problèmes de coordination et donc à des collaborations infructueuses.

L'image de marque

Selon Aaker (2009), il existe des actifs ou des passifs de marque qui ont le potentiel d'ajouter ou de réduire la valeur de ce qui est marqué, et il s'agit de la notoriété de la marque, de la fidélité à la marque, de la qualité perçue, de l'association à la marque et d'autres actifs exclusifs.

Pour que les entreprises réussissent dans l'environnement commercial actuel, la valeur de la marque doit être améliorée, ce qui signifie qu'un prix supérieur peut être facturé et que davantage de références sont générées pour augmenter les revenus (Peppers & Rogers, 2017). Javed et Cheema (2017) estiment que pour différencier les offres commerciales, il faut renforcer le capital de marque en créant des expériences durables pour les clients. L'expérience client résultant de l'essai direct d'un produit ou d'un service est plus substantielle, plus solide et prédit mieux le comportement du client qu'une expérience indirecte telle que la publicité. Les chercheurs ont également défini l'expérience client comme une notion fondée sur l'interprétation par le client de l'ensemble de ses rapports avec une marque et de la valeur attachée à ces rapports. Il a été avancé qu'avant que les clients puissent manifester leur préférence pour une marque, il fallait qu'ils aient été sensibilisés à cette marque.

Les résultats de l'étude tendent à révéler qu'il n'y a pas de soutien empirique liant la notoriété de la marque aux associations de marques en raison des spécificités du contexte. Les résultats ont montré les effets positifs de l'expérience du client sur les dimensions du capital de marque, ce qui est en accord avec le travail de Keller (2003) qui postule que la valeur attachée à une marque est une fonction du résultat de l'apprentissage de la rencontre avec la marque. En résumé, le capital marque résulte de l'accumulation de la perception qu'a le client de son expérience avec l'organisation, la marque et les personnes associées à la marque.

Selon Salim et al. (2018), la cocréation a été expliquée comme la capacité des entreprises à fournir une expérience qui engagerait et construirait des relations durables à long terme avec les clients et pas seulement un sentiment d'appartenance qu'une marque offre aux consommateurs et aux autres parties prenantes. L'analyse de la valeur revendiquée par une entreprise permet d'examiner la valeur créée dans le cadre des activités d'une organisation afin de les positionner et de les concevoir en vue d'un avantage stratégique. Les chercheurs ont estimé que pour qu'il y ait création de valeur sur le marché, il faut qu'il y ait un échange de biens et de services mutuellement bénéfique (Soltani & Navimipour, 2016). La cocréation met en évidence la valeur de l'offre d'une organisation en fonction de la qualité de l'expérience globale plutôt que de la seule qualité du produit. L'attachement à la marque a été expliqué comme un prédicteur de l'intention de réaliser des comportements qui sont des ressources importantes pour le consommateur, telles que le temps, la réputation et l'argent, et un prédicteur des comportements réels du consommateur par rapport à la force de l'attitude à l'égard de la marque (Peppers & Rogers, 2017). Cette variable se manifeste par le comportement d'achat du consommateur dans le choix entre des marques directement concurrentes et la sélection entre des marques ciblant des besoins similaires. Les chercheurs ont défini l'attachement à la marque comme la force du lien entre une marque et le soi, qui se manifeste par une présentation mentale riche et accessible combinant des pensées et des sentiments à propos de la marque et de l'association de la marque avec le soi. Les résultats de l'étude ont montré que l'attachement, représenté à la fois par le lien entre la marque et le soi et par l'importance de la marque, est un bien meilleur prédicteur des comportements réels des consommateurs que la force de l'attitude à l'égard de la marque.

4.6 Conclusion

Les résultats recueillis dans ce chapitre sont de nature qualitative et ont été obtenus par le biais d'une enquête. Les données ont été structurées en thèmes afin de faciliter leur analyse. Il a été recommandé à la Zenith Bank de mettre en œuvre l'utilisation d'un CRM afin de guider la préparation et la mise en œuvre efficaces du CRM au sein de l'entreprise. Le chapitre suivant examine la recommandation, les options et les limites de l'étude.

CHAPITRE CINQ
ÉVALUER ET PRODUIRE DES SOLUTIONS ALTERNATIVES

5.1 Introduction

Ce chapitre vise à proposer des recommandations logiques qui permettraient la croissance de la Zenith Bank. Afin de sélectionner la meilleure option à utiliser pour la Zenith Bank, des comparaisons seront effectuées en ce qui concerne les avantages et les inconvénients de chaque option. En outre, l'adoption d'une matrice de décision pour sélectionner la meilleure option sera utilisée pour s'assurer que la sélection est basée sur un raisonnement logique.

5.2 Recommandations

L'application de la stratégie de différenciation à la Zenith Bank permettrait la croissance de l'entreprise dans le secteur bancaire nigérian. Les résultats de l'entretien révèlent que la société n'adopte pas actuellement la stratégie de différenciation des produits, qui permettrait de favoriser l'innovation, d'acquérir des clients et d'améliorer la part de marché de l'organisation dans le secteur.

Pour conserver sa position de banque la plus rentable du secteur, l'entreprise doit se concentrer sur les points suivants :

L'entreprise doit se concentrer sur la création de valeur pour ses clients en mettant l'accent sur la valeur du coût des produits de l'entreprise par rapport à d'autres produits similaires des concurrents dans l'industrie.

L'entreprise doit se concentrer sur la concurrence dans d'autres domaines que celui de la "tarification".

L'entreprise doit se concentrer sur la création d'une marque pour elle-même afin d'accroître la fidélité de ses clients.

L'entreprise doit se concentrer sur la création d'offres de produits de qualité qui donnent aux clients l'impression qu'il n'y a pas de substitut disponible à ses produits.

Dans le droit fil de ce qui précède, le chercheur propose quelques recommandations pour que la Zenith Bank soit en mesure de stimuler sa croissance. Ces recommandations sont les suivantes :

- Le personnel de la Zenith Bank doit avoir une connaissance adéquate de tous les produits proposés par l'entreprise. Cela lui permettra de faire de la vente croisée au moment de l'interaction avec le client.
- La Zenith Bank doit s'efforcer de former suffisamment l'ensemble de son personnel à ses produits et services. Il s'agit de développer des connaissances organisationnelles qui procureront un avantage concurrentiel à l'entreprise.
- Afin de fidéliser la clientèle, l'ensemble du personnel doit fournir un service exceptionnel constant au moment de l'interaction avec les clients.
- Tous les processus opérationnels de l'entreprise doivent être rationalisés afin de supprimer tous les processus n'apportant pas de valeur ajoutée. Cela permettrait d'améliorer les éléments suivants :
- Augmenter l'efficacité des tâches
- Augmenter la productivité du personnel
- Réduire les coûts
- Réduire les délais de résolution des problèmes des clients.

Il est conseillé de modifier la structure actuelle de l'entreprise en passant d'une structure hiérarchique à une structure horizontale. Cela permettra à l'entreprise de développer sa capacité à réagir positivement aux changements constants des besoins des clients.

5.3 Options

L'analyse de la littérature a montré explicitement que la Zenith Bank pourrait tirer un grand profit de l'utilisation d'une stratégie de différenciation des produits comme outil de croissance dans le secteur bancaire nigérian. Les résultats de cette recherche montrent que l'adoption actuelle d'une stratégie de différenciation des produits n'est pas efficace. Compte tenu de la forte concurrence qui existe actuellement dans le secteur bancaire, la Zenith Bank doit adopter une stratégie efficace qui renforcera la croissance de l'entreprise, lui donnant ainsi l'avantage concurrentiel souhaité sur ses rivaux. Dans ce contexte, le chercheur propose les options suivantes :

- Option 1 - Stratégie ciblée
- Option 2 - Leadership en matière de coûts
- Option 3 - Différenciation

5.3.1 Option 1 - Mise en œuvre de la stratégie ciblée

L'adoption de cette stratégie par la Zenith Bank peut produire des bénéfices significatifs pour l'organisation car elle se concentre davantage sur un segment de marché étroit tel que la région de l'État de Lagos, ce qui lui confère un avantage significatif grâce à la différenciation. Zenith Bank peut fidéliser ses clients en adoptant cette stratégie. En effet, l'entreprise se concentre sur un segment étroit, ce qui lui permet d'offrir un excellent service à la clientèle.

L'adoption effective de la stratégie de focalisation aiderait la Zenith Bank à aligner ses aptitudes et ses compétences sur un segment cible spécifique qui est très bien connu de l'organisation. Toutefois, il est essentiel de noter que l'adoption de cette stratégie présente des inconvénients. Ces inconvénients sont les suivants

- Les changements constants observés sur les marchés cibles sélectionnés
- La capacité des concurrents à imiter facilement les offres de produits de Zenith Bank.
- Les concurrents qui adoptent une stratégie de maîtrise des coûts sur le marché peuvent concurrencer directement la Zenith Bank car ils peuvent modifier leur offre de produits pour tenter de s'aligner sur celle de la Zenith Bank.
- Les concurrents peuvent créer des sous-segments pour répondre aux besoins des clients plus efficacement que la Zenith Bank.

5.3.2 Option 2 - Utilisation d'une stratégie de maîtrise des coûts

Cette stratégie peut être appliquée à la Zenith Bank pour réduire les coûts tout en maintenant un certain niveau de qualité. Étant donné que la Zenith Bank opère dans un environnement très concurrentiel où la tarification des produits est l'une des principales tactiques utilisées pour acquérir des clients, l'entreprise doit se concentrer sur la réduction des frais généraux qui sont liés à toutes les unités de l'entreprise. Dans ces conditions, la Zenith Bank peut vendre ses produits au prix du secteur tout en réalisant un bon bénéfice grâce à la réduction des coûts.

En outre, la Zenith Bank peut vendre son produit bien en dessous du prix pratiqué dans le secteur bancaire pour gagner une part de marché essentielle dans le secteur bancaire nigérian. L'entretien avec le personnel de la Zenith Bank montre que les principaux concurrents de la société sont Access Bank, GTBank et First Bank. En cas de guerre des prix entre ses concurrents, la Zenith Bank peut maintenir son mode de rentabilité en se concentrant sur la fourniture de services à un grand nombre de clients à des prix réduits. La Zenith Bank peut adopter cette stratégie par les moyens suivants :

- l'amélioration de ses processus opérationnels,
- l'application des décisions d'intégration verticale pour améliorer :
- l'efficacité des activités de l'entreprise
- les délais de résolution des problèmes des clients

L'adoption de cette stratégie est associée à des risques potentiels. Zenith Bank est une organisation qui opère dans un environnement commercial très rigide où les clients sont extraordinairement éclairés et pointilleux en ce qui concerne la sélection des produits et services de l'entreprise. Par conséquent, la nécessité d'améliorer les processus pour atteindre l'efficacité souhaitée et obtenir un avantage concurrentiel pourrait ne pas être fructueuse car d'autres peuvent facilement reproduire ces stratégies et améliorer leurs processus, créant ainsi un scénario dans lequel la Zenith Bank pourrait éprouver des difficultés à obtenir l'avantage concurrentiel souhaité dans son environnement commercial. Il convient de mentionner que les organisations du secteur bancaire nigérian qui mettent en œuvre la stratégie de focalisation peuvent obtenir des réductions de coûts inférieures à celles de la Zenith Bank, car elles peuvent cibler un segment de marché plus étroit.

5.3.3 Option 3 - Mise en œuvre d'une stratégie de différenciation

L'adoption d'une stratégie de différenciation par la Zenith Bank serait très bénéfique pour l'organisation. L'adoption de cette stratégie par la Zenith Bank peut être utilisée pour créer de nouveaux produits et services qui offrent une valeur immense à ses clients, ce qui lui permet d'obtenir l'avantage concurrentiel souhaité par rapport à ses rivaux tels que la GTBank et la First Bank. Afin de générer les revenus souhaités à partir des produits nouvellement développés, la valeur stratégique doit être dérivée de l'utilisation des produits.

La Zenith Bank peut développer des produits uniques pour générer des revenus substantiels en fixant des prix élevés sur ces produits. On s'attend donc à ce que ces prix élevés couvrent les coûts de développement des produits. En mettant l'accent sur les caractéristiques distinctes des produits nouvellement développés, la Zenith Bank peut littéralement faire supporter une partie des coûts liés au développement du produit au client qui ne peut pas facilement remplacer ce produit par d'autres dans le secteur bancaire.

5.4 Matrice de décision

Comme on l'a vu dans les sections ci-dessus, trois options ont été proposées par le chercheur en vue d'une éventuelle adoption par la Zenith Bank. Afin d'assurer la sélection de la meilleure option possible, une matrice de décision a été utilisée. Pour garantir la réussite de l'utilisation de la matrice de décision, deux considérations ont été adoptées, à savoir

- Les critères de décision
- Le poids et l'échelle des options.

Compte tenu de ce qui précède, la meilleure option peut être sélectionnée sur la base de la logique en appliquant les critères de décision suivants :

- Faisabilité - (1)
- Durabilité - (2)
- Fiabilité - (3)
- Rapport coût-efficacité - (4)
- Assurance - (5)

Les trois options proposées par le chercheur sont pondérées par les facteurs mentionnés ci-dessus. Une échelle de un (1) à cinq (5) est utilisée lorsque :

- Un (1) - représente le poids le plus faible
- Cinq (5) - représente le poids le plus élevé

Dans ces conditions, l'option ayant la pondération la plus élevée est considérée comme la meilleure. L'échelle des options est présentée dans le tableau ci-dessous :

Tableau 5.1 Échelle des   options.

Échelle des options	
1	Ne satisfait pas aux critères
2	Satisfait en partie aux critères
3	Satisfait aux critères
4	Dépasse partiellement les critères

| 5 | Dépasse largement les critères |

Afin de sélectionner la bonne option en se basant uniquement sur un raisonnement logique, l'outil de la matrice de décision a été utilisé. Cet outil est présenté dans le tableau ci-dessous :

Tableau 5.2 Matrice de décision de la Zenith Bank.

Critères	Options		
	Stratégie Focus (1)	Leadership en matière de coûts (2)	Différenciation (3)
Faisabilité	3	4	5
Durabilité	3	3	4
Fiabilité	2	3	4
Rapport coût-efficacité	3	2	4
Assurance	3	1	3
POIDS TOTAL :	14	13	20

5.5 Sélection de l'option privilégiée - L'utilisation de la stratégie de différenciation

La matrice de décision ci-dessus montre que l'utilisation d'une stratégie de différenciation est la meilleure option pour Zenith Bank. Conformément à ce qui précède, l'adoption d'une stratégie de différenciation améliorerait les capacités de Zenith Bank à stimuler la croissance. Cela peut se faire par les moyens suivants :

- Le développement d'une unité de développement de produits efficace.
- Zenith Bank aurait la capacité de proposer des solutions innovantes à ses clients.
- La force de Zenith Bank à concevoir des produits de qualité sera renforcée.
- Le personnel de l'entreprise aura une forte capacité à vendre ses produits à ses clients pour des ventes efficaces.
- L'image de marque de la Zenith Bank s'en trouverait considérablement améliorée.

5.6 Conclusion

Ce chapitre présente les résultats des entretiens menés dans le cadre de cette étude. Compte tenu de ces résultats, trois options ont été examinées afin de sélectionner la meilleure option qui contribuerait à stimuler la croissance de Zenith Bank. Ces trois options sont la stratégie de focalisation, le leadership en matière de coûts et la stratégie de différenciation. Le choix de la stratégie de différenciation a été effectué à l'aide d'une matrice de décision. Le chapitre suivant traite du plan de mise en œuvre de l'option sélectionnée.

CHAPITRE SIX
MISE EN ŒUVRE

6.1 Introduction

Le chercheur a suggéré quelques recommandations dans le chapitre précédent pour aider à stimuler la croissance de la Zenith Bank. L'adoption d'une stratégie de différenciation a été choisie pour stimuler la croissance de l'entreprise dans le secteur bancaire au Nigeria. Le plan de mise en œuvre utilisé dans cette étude est présenté dans ce chapitre.

6.2 Plan de mise en œuvre

Le plan de mise en œuvre de l'option retenue est présenté dans le tableau ci-dessous. Le plan suit une logique simple d'activités, d'actions à mettre en œuvre et d'agents critiques nécessaires pour les activités mentionnées. Il est nécessaire d'élaborer un plan de mise en œuvre pour montrer les activités qui doivent être mises en œuvre afin d'atteindre l'option souhaitée qui est recommandée. Le plan de mise en œuvre nécessaire à l'adoption d'une stratégie de différenciation à la Zenith Bank est présenté ci-dessous.

S/N	Activité	Actions	Responsable	Calendrier
1	Définir tous les objectifs de marketing	• Examiner le marché et déterminer quel marché concurrencer. • Examiner la part de marché et le revenu et utiliser ces indices pour identifier les objectifs.	Unité stratégique Unité de commercialisation L'équipe de direction de l'entreprise	Première semaine juillet 2022

		• Examiner l'ensemble des compétences de l'organisation et utiliser ses compétences de base pour obtenir l'avantage souhaité.		
2	Examiner et identifier l'orientation stratégique de l'entreprise	• Examiner le marché et identifier les concurrents • Déterminer comment faire face à la concurrence dans le segment de marché • Déterminer si l'objectif stratégique doit être de stimuler la croissance du marché ou de gagner uniquement des parts de marché. • Déterminer s'il est plus rentable de se concentrer sur	Unité stratégique Unité de commercialis ation L'équipe de direction de l'entreprise	Deuxième semaine 2022 juillet

		les clients existants ou sur l'acquisition de nouveaux clients dans plusieurs secteurs d'activité.		
3	Définir les clients cibles	• Identifier la structure spécifique de la différenciation du produit. • Identifier plusieurs techniques de différenciation des produits. • Déterminer le segment de marché à cibler. Ce choix doit se faire en fonction de la taille, de la rentabilité et du potentiel de croissance.	Unité stratégique Unité de commercialis ation	Troisième semaine 2022 juillet
4	Mettre en œuvre l'analyse des concurrents	• Identifier ce que le client achète à Zenith Bank • Identifier les cas où les clients n'achètent pas	Unité stratégique Unité de commercialis ation	Semaine 4 juillet 2022

		auprès de Zenith Bank • Examiner les points de vue et les opinions des clients sur les produits de la Zenith Bank par rapport à d'autres concurrents dans le secteur bancaire. • Identifier la stratégie d'autres entreprises en ce qui concerne leurs produits et services.		
5	Identifier l'avantage différentiel	• Identifier les meilleurs emplacements susceptibles d'améliorer les ventes des produits de l'entreprise. • Pour obtenir un avantage différentiel, les aptitudes et les compétences du personnel de la	Unité stratégique Unité de commercialis ation	Première semaine août 2022

		Zenith Bank doivent être utilisées à bon escient. • Identifier le niveau approprié de ressources en liquidités et l'ensemble des compétences nécessaires pour obtenir un avantage concurrentiel.		
6	Initier l'utilisation de variables contrôlables (4ps)	• Identifier les segments potentiels et créer un plan de marketing qui inclut les segments sélectionnés. • Identifier les fondements de l'avantage concurrentiel • Évaluer les variables contrôlables et identifier les mesures à prendre, qui	Unité stratégique Unité de commercialis ation	Semaine 2 août 2022

		doivent être mises en œuvre en temps utile.		
7	Mise en œuvre	• Décrire les valeurs, les croyances et la culture de la Zenith Bank • Déterminer les domaines dans lesquels Zenith Bank possède des compétences de base • Identifier le personnel de la Zenith Bank en fonction de ses aptitudes et de ses compétences • Identifier la structure organisationnelle de Zenith Bank • Identifier l'infrastructure technologique nécessaire pour permettre une mise en œuvre réussie de l'initiative	Unité de commercialis ation Unité stratégique Équipe de développeme nt de produits	Troisième semaine août 2022

		stratégique au sein de la Zenith Bank.		
		• Examiner et identifier la structure et les processus opérationnels de l'entreprise qui peuvent faciliter la mise en œuvre de l'initiative stratégique.		
		• Identifier les structures en place qui peuvent contribuer au processus de mise en œuvre		
8	Contrôler les performances	• Créer des objectifs pour le personnel dans le but de contrôler les performances. • Les performances doivent être mesurées en termes de satisfaction de la clientèle, de ventes et d'acquisition de clients.	Unité des ressources humaines Unité de commercialisation Unité stratégique Unité de contrôle financier / gestion de la performance	Semaine 4 août 2022

		• La Zenith Bank devrait mettre en œuvre l'utilisation de mesures non financières pour le suivi et l'évaluation des performances.		

6.3 Contraintes de mise en œuvre

La contrainte du chercheur était celle du temps. Certains directeurs pourraient être réticents à accepter un changement dans le système de gestion de la relation client, qui, bien que primordial, pourrait ne pas leur plaire. En raison de la pénurie de liquidités, certains employés efficaces ont été licenciés. Il se peut qu'il y ait peu de mains pour travailler, en particulier dans la phase de mise en œuvre d'un système de gestion de la relation client efficace qui conduira à la différenciation des services.

6.3 Conclusion

Ce chapitre présente le plan de mise en œuvre nécessaire à l'utilisation recommandée de la stratégie de différenciation pour assurer la croissance de la Zenith Bank.

CHAPITRE SEPT
RÉFLEXION

7.1 Introduction

Le chapitre 6 a suggéré une approche de mise en œuvre à adopter pour les plans de la recommandation privilégiée, qui était centrée sur la manière d'améliorer la situation existante en matière de différenciation des produits. Le chapitre sept met l'accent sur les réflexions du chercheur sur l'ensemble de l'étude.

7.2 Perspective d'apprentissage organisationnel et personnel

- **L'esprit d'entreprise**

La chercheuse a fait des heures supplémentaires ; au cours de cette recherche, de nombreux défis ont été relevés lors de la mise en œuvre et ils étaient liés à la manière dont ils affectent le personnel pour s'assurer que la motivation n'est pas diminuée. Cela a créé un état d'esprit entrepreneurial chez la chercheuse, qui examine constamment la relation entre toutes les activités de l'entreprise et la motivation du personnel. De cette manière, l'entreprise est bien centrée.

- **Communication**

Il est clair que la communication est une activité bidirectionnelle que le chercheur comprend maintenant clairement et qui implique principalement l'écoute et le raisonnement. Le chercheur écoute désormais activement, donne l'exemple et soutient clairement l'expression des idées et des opinions des autres tout en s'efforçant consciemment d'apprécier le point de vue d'autrui. Certains problèmes de communication ont été identifiés au sein de la banque lors de la collecte des données pour ce travail, c'est-à-dire des situations où le personnel avait l'impression que les canaux de communication au sein de la banque étaient à sens unique (de la direction vers le personnel) au lieu de l'inverse. Le chercheur contribue également de manière significative aux politiques et stratégies organisationnelles adoptées dans le cadre de la gestion des activités de la banque. Cela se produit lors des sessions d'examen, des sessions d'évaluation des performances, des réunions d'équipe et des sessions de stratégie de gestion.

- **La coopération**

La chercheuse a reconnu qu'en tant que dirigeante, la force et la faiblesse de son équipe reposent sur la résilience et la force de chaque membre de l'équipe. Il est donc très important de s'assurer que chaque membre de l'équipe est pleinement capable et équipé de manière adéquate et qu'ils se complètent les uns les autres en veillant à ce que les responsabilités de chacun soient bien définies et correctement exécutées. La chercheuse a eu l'idée d'une boîte à idées pour son équipe afin de garder une trace des problèmes rencontrés au cours de leurs activités et de la manière dont ces problèmes ont été résolus. Cela permettra d'informer les autres membres de la banque s'ils sont confrontés à de tels problèmes à l'avenir. En outre, la chercheuse supervise une séance de réflexion et de maîtrise de 30 minutes, ouverte à la plupart des membres du personnel tous les matins, afin de s'assurer que chaque membre du personnel est tenu au courant des événements qui se produisent dans le secteur et dans le monde entier.

- **Développement de politiques stratégiques**

Après avoir examiné les défis fondamentaux liés à l'implication du personnel dans les questions liées à l'entreprise, il est devenu vital que le problème à aborder soit suffisamment stratégique pour améliorer à la fois les politiques de l'entreprise dans la mesure où elles affectent la croissance des revenus et l'état d'esprit du personnel au sein de l'organisation. Le point d'ancrage pour cela était le département GRH, et pour s'assurer que le GRH était suffisamment compétent pour initier, conduire, mettre en œuvre et soutenir des politiques de développement du personnel qui seraient bénéfiques au personnel et à l'entreprise, à cette fin, Zenith Bank doit s'assurer qu'elle développe et crée un département RH qui se concentrera clairement sur la gestion des talents.

- **Compétences décisionnelles**

La chercheuse a désormais une vision plus claire de son lieu de travail et admet que l'apprentissage par l'action permet de résoudre des problèmes sur le lieu de travail. Certaines personnes renfermées et timides voudront prendre le temps de réfléchir avant de parler, tandis que les personnes très hyperactives et extraverties voudront parler de leurs pensées pour les expliquer. Le chercheur met cela en pratique en percevant que les individus s'engagent à respecter les réalités, les faits et la vérité. Le chercheur se rend également compte que les personnes ayant une préférence pour la pensée ont tendance à utiliser la logique et l'analyse lors de la résolution de problèmes. Elle admet également que chaque coéquipier a un tempérament différent ; par conséquent, lorsqu'elle prend des décisions impliquant ces coéquipiers, elle doit garder à l'esprit la manière dont leur personnalité peut compléter et faciliter ses décisions. En tant que cadre, l'enquêtrice prend chaque jour plusieurs décisions susceptibles d'avoir un impact positif ou négatif sur l'entreprise. Elle doit donc faire preuve de rapidité et de logique pour rester efficace et pertinente au sein de la Banque.

- **Apprentissage et développement personnel**

L'inscription au programme Action Learning BSN MBA et la réalisation d'un travail de recherche comme celui-ci ont été, en fin de compte, l'une des meilleures décisions que le chercheur ait prises pour changer sa vie. Le programme a eu un impact très important sur la personnalité du chercheur. Les principaux domaines impactés sont la confiance en soi, les compétences en communication, les capacités de leadership, le raisonnement entrepreneurial, la gestion d'entreprise, la présence et la participation des cadres, la pensée innovante, l'assurance, l'écriture et la présentation, etc. L'interaction de la chercheuse avec ses camarades de classe et d'autres étudiants de l'école a également informé et élargi son état d'esprit de plusieurs autres manières et a contribué à construire un réseau plus sain et plus solide de personnes et de ressources qui peuvent l'aider dans son développement professionnel et personnel.

- **Analyse de l'information**

Au sein de l'organisation, les personnes sont quotidiennement confrontées à des situations complexes, qu'il s'agisse de stratégies, de technologies, de décisions ou de politiques. Dans toutes ces situations, il est impératif que le personnel et l'organisation ajustent régulièrement leur approche de ces problèmes. Le chercheur est désormais davantage un penseur stratégique qui voit et comprend les avantages et les inconvénients des situations. Il aime désormais analyser des concepts complexes, théoriques et abstraits pour les simplifier et les rendre facilement compréhensibles pour les autres.

- **Responsabilité éthique**

Faisant partie de l'organisation et constatant que les activités de responsabilité sociale de l'entreprise font également l'objet d'une attention particulière, la chercheuse veille à ce que les membres de l'équipe interagissent librement avec elle, de sorte que les questions dérangeantes puissent être révélées et traitées par la direction si nécessaire. Pour s'assurer que toutes les procédures et tous les processus sont bien respectés, la banque dispose d'un manuel des valeurs qui décrit les préoccupations et les processus relatifs à la banque et la manière dont ils doivent être traités. Il décrit la manière dont les problèmes doivent être remontés, le système de récompense en place et les pénalités pour les mauvais payeurs.

7.3 Évaluation de l'ALP par rapport au plan d'exécution initial du chercheur

La chercheuse a été en mesure de respecter religieusement le calendrier et d'achever le travail en un temps record. Elle a pu tirer parti des connaissances acquises lors de la rédaction, elle a utilisé efficacement l'expérience et les connaissances acquises en matière de gestion du temps pour effectuer son travail. Elle a également été en mesure de prévoir des activités imprévues ou non planifiées susceptibles de l'empêcher de progresser à temps dans ce travail. Essentiellement, elle s'est efforcée d'être aussi proactive que possible, en particulier dans la gestion de l'échantillon de population, car elle comprenait qu'ils avaient d'autres tâches tout aussi importantes à accomplir. Il s'agissait de s'assurer que les questionnaires fournis étaient remplis à temps et de manière aussi sincère que possible. Plus important encore, le respect du plan de travail était assez exigeant, mais la chercheuse a constamment évalué ses compétences en matière de gestion du temps pour s'assurer qu'elles étaient suffisamment efficaces.

7.4 Connaissances expérientielles acquises

Ce travail de recherche a ouvert les yeux de la chercheuse et lui a permis d'acquérir de nouvelles connaissances. La chercheuse et sa banque ont acquis de nouvelles connaissances sur les principes fondamentaux de la stratégie de différenciation des produits, qui permet à toute entreprise d'acquérir un avantage concurrentiel, et sur la manière dont une relation client efficace peut favoriser la croissance du chiffre d'affaires de la banque. Les connaissances en matière de planification stratégique, de concurrence et de stratégies de marketing ont été renforcées. Les organisations doivent veiller à ce que le personnel qui présente un potentiel de croissance dans ses domaines de responsabilité, en étant innovant et créatif, soit suffisamment inspiré, motivé pour rester créatif et bien entretenu pour être conservé en permanence.

7.5 Conclusion

En conclusion, la banque a conservé une structure légère, sa structure organisationnelle est hiérarchique avec un niveau de bureaucratie dans la banque, ce qui pourrait rendre la prise de décision difficile. La communication entre les départements opérationnels peut être confuse en raison de la structure organisationnelle actuelle, ce qui affecte invariablement le délai de traitement des problèmes des clients et, éventuellement, la perception des clients à l'égard de la banque. Il est très important de résoudre ce problème le plus rapidement possible.

.

RÉFÉRENCES

Abu Aliqah, K. M. 2012. Différenciation et performance organisationnelle : Empirical Evidence from Jordanian Companies. Journal of Economics, 3, 1.

Acquaah, M. et Yasai-Ardekani, M. 2008. La mise en œuvre d'une stratégie concurrentielle combinée apporte-t-elle des avantages supplémentaires en termes de performances ? Une nouvelle perspective d'une économie en transition en Afrique subsaharienne. Journal of Business Research, 61.

Adiyanto, N. .2021. Gestion de la relation client (CRM). Based On Web To Improve The Performance Of The Company. IAIC Transactions on Sustainable Digital Innovation .ITSDI. The 1st Edition Vol. 1 No. 1 October 2019, 32.

Amoako-Gyampah, K. et Acquaah, M. 2008. Manufacturing strategy, competitive strategy and firm performance : An empirical study in a developing economy environment. International Journal of Production Economics, 111.

Biggam J 2008. Réussir son mémoire de master : A Step-by-Step Handbook. [Livre]. - [s.l.] : The McGraw-Hill Companies. Open University Press.

Butt, M. S. .2021. The Impact of Customer Relationship Management Technology Use on the Firm Performance Mediating and Moderating Role of Marketing Capabilities. International Journal of Innovation, Creativity and Change, 15.4, 832-861.

Cavallone, M., & Modina, M. .2013. Customer Perception of Bank Communication : Evidence and Implications. Corporate Ownership & Control, 10.4, 299-307.

Choudhury, M. M. et Harrigan, P. .2014. CRM to social CRM : the integration of new technologies into customer relationship management. Journal of Strategic Marketing, 22.2, 149-176.

Creswell J W 2003. Conception de la recherche. Approche qualitative, quantitative et méthodes mixtes. [Livre]. - Thousand Oaks, CA : : Sage

Dadzie, J. E. .2017. Une évaluation des dimensions de la satisfaction des clients dans l'industrie bancaire ghanéenne. Thèse de doctorat, Université de Walden.

Das, S. et Ravi, N. .2021. A Study on the Impact of E-Banking Service Quality on Customer Satisfaction (Étude de l'impact de la qualité des services bancaires en ligne sur la satisfaction des clients). Asian Journal of Economics, Finance and Management 5.1, 48-56.

Dhingra, M. & Dhingra, V. 2013. Determinants of electronic customer relationship management .e-CRM. for customer satidfaction in banking sector in India. *African Journal of Business Management* 7 .10., 762-768. http://www.academicjournals.org/AJBM. DOI:10.5897/AJBM11.712.

Drotskie, A. 2009. Customer experience as the strategic differentiator in retail banking (L'expérience client en tant que facteur de différenciation stratégique dans la banque de détail). *Thèse non publiée présentée pour l'obtention du titre de docteur en gestion et administration des entreprises* à l'université de Stellenbosch, Afrique du Sud.

Elena, C. A. .2016. Les médias sociaux - une stratégie pour développer la gestion de la relation client. Procedia Economics and Finance, 39, 785-790.

Farmania, A., Elsyah, R., & Tuori, M. .2021. Transformation des activités de CRM en e-CRM : The Generating e-Loyalty and Open Innovation. Journal of Open Innovation .7, 1-20.

Feyen, E., Frost, J., Gambacorta, L., & Natarajan, H. .2021. Fintech and the digital transformation of financial services : implications for market structure and public policy. Banque des règlements internationaux et Groupe de la Banque mondiale, 117, 1-48.

Freeman, G. .2012. Customer Complaints Management : Stimuler la fidélité et atténuer les risques dans l'ensemble de votre organisation. Intelex Technologies Inc.

Ghalenooie, M. B., & Sarvestani, H. K. .2016. Évaluation des facteurs humains dans la gestion de la relation client étude de cas : Les banques privées de la ville de Shiraz. Procedia Economics and Finance, 36, 363-373.

Grewal, D. et Roggeveen, A. .2020. Understanding Retail Experiences and Customer Journey Management (Comprendre les expériences de vente au détail et la gestion du parcours du client). Journal of Retailing, 96 .1, 3-8.

Hajikhani, S., Tabibi, S. J., & Riahi, L. .2016. The relationship between the customer relationship management and patients' loyalty to hospitals (La relation entre la gestion de la relation client et la fidélité des patients aux hôpitaux). Global journal of health science, 8.3., 65.

Hamakhan, Y. T. .2020. An Empirical Investigation Of E-Banking in The Kurdistan Region of Iraq (Enquête empirique sur les services bancaires en ligne dans la région du Kurdistan irakien) : The Moderating Effect of Attitude. Financial Internet Quarterly 2020, 16 .1, 45-66.

Hammoud, J., Bizri, R., El Baba, I. .2018. L'impact de la qualité de service des banques en ligne sur la satisfaction des clients. SAGE journal, 8.3., 1-12.

Heskett James L 1976. Marketing [Livre]. - New York : Macmillian Publishing Co, - pp 265-267.

Javed, F., & Cheema, S. .2017. La satisfaction du client et la valeur perçue par le client et son impact sur la fidélité du client : le rôle médiateur de la gestion de la relation client. Journal of Internet Banking and Commerce, 22.S8.

Jobber D 2004. Principes et pratiques du marketing. [Livre]. - UK : The McGraw-Hill Companies, - Quatrième édition.

Jocovic, M., Melovic, B., Vatin, N., & Murgul, V. .2014. Stratégie commerciale moderne Gestion de la relation client dans le domaine du génie civil. In Applied Mechanics and Materials .Vol. 678, pp. 644-647. Trans Tech Publications Ltd.

Kaplan, R. et Norton, D., 2000. Vous avez des difficultés avec votre stratégie ? Then Map It. *Harvard Business Review,* 78.5, pp. 167-176.

Keramati, A., Apornak, A., Abedi, H., Otrodi, F., Roudneshin, M. .2018. L'effet de la récupération du service sur la satisfaction des clients dans la banque en ligne. International journal of Business Information Systems 29.4, 459-484.

Khan, R. U., Salamzadeh, Y., Iqbal, Q. et Yang, S. 2020. The Impact of Customer Relationship Management and Company Reputation on Customer Loyalty : The Mediating Role of Customer Satisfaction. Journal of Relationship Marketing, 1-27.

Khasawneh, R., & bu-Shanab, E. .2012. Electronic Customer Relationship Management in Jordan (Gestion électronique des relations avec les clients en Jordanie). International Journal of Technology Diffusion, 3.3, 36-46.

Khodakarami, F., & Chan, Y. E. .2014. Exploring the role of customer relationship management .CRM. systems in customer knowledge creation. Information & management, 51.1, 27-42.

Khrais, L. T. .2017. Cadre de mesure de la commodité de la technologie avancée sur les perceptions des utilisateurs des systèmes bancaires sur Internet. Journal of Internet Banking and Commerce, 22.3, 1-18.

King, S. F. et Burgess, T. F., 2008. Understanding Success and Failure in Customer Relationship Management (Comprendre le succès et l'échec dans la gestion des relations avec les clients). *Industrial Marketing Management,* 3(2), pp. 421-431.

Kocoglu, D., 2012. Customer Relationship Management And Customer Loyalty ; A Survey In The Sector Of Banking. *International Journal of Business and Social Science,* 3(3).

Kombo, F. .2015. Customer satisfaction in the Kenyan banking industry (Satisfaction des clients dans le secteur bancaire kenyan). Journal of International Studies, 8.2., 174-186.

Kothari, C. R., 2004. *Méthodologie de la recherche : Méthodes et techniques.* New Age International.

Kothari, M. .2017. Moderniser les expériences bancaires en tirant parti de l'ECM. https://www.lntinfotech.com/wp-content/uploads/2019/05/Modernizing-Banking-Experiences-by-Leveraging-ECM.pdf.

Kotler P et Armstrong G 2008. Principes de marketing [Livre]. - [s.l.] : Prentice Hall Europe, - 5ème édition européenne.

Kotler, P. et Armstrong, G., 2005. *Principles of Marketing.* Cinquième édition européenne. s.l.:Prentice Hall, Europe.

Kotler, P. & Keller, K. .2012. "Marketing Management" 14th Edition. Prentice Hall.

Kotler, P. 2010. *Manajemen Pemasaran di Indonesia : Analisis, Perencanaan, Implementasi dan Pengendalian.* Salemba Empat, Jakarta.

Lakshmi, N. .2020. Expérience et engagement des clients dans la banque numérique. Conférence : Digitalisation of Banking OperationAt : Porur, Chennai. https://www.researchgate.net/publication/341152138.

Leedy, P.D. et Ormrod, J.E., 2016. Practical research. *Upper Saddle River : Pearson Prentice-Hall. Open Journal for Educational Research,* 3(2), pp.67-80.

Lemon, K. N., White, T. et Winer, R. S., 2002. Dynamic Customer Relationship Management : Incorporating Future Considerations into The Service Retention Decision. *Journal of Marketing.* 66.

LRC, Centre de recherche sur la loyauté. .2014. *La fidélisation des clients : Qu'est-ce que c'est ? Comment la mesurer et la gérer* ? Thought Perspective. Centre de recherche sur la fidélisation. Indianapolis. ÉTATS-UNIS.

Payne, A & Frow, F. 2006, "Customers Relationship Management : from Strategy to Implementation", *Journal of Marketing Management* , 22, No 1, pp.135 -168.

Peppers, D. et Rogers, M. .2017. Gérer l'expérience et les relations avec les clients. 3e édition, John Wiley & Sons, Inc, Hoboken, New Jersey.

Porter, M. E. 1985. Competitive Advantage [Livre]. - New York : The Free Press.

Proctor, T. 2002. Strategic Marketing ; Edition 1st Edition ; First Published 2000 ; eBook Published 29 June 2000 ; Pub. London ; Imprint Routledge.

Sachdev, S. B. & Verman, H. V. 2004, Relative importance of service quality dimensions : A multisectoral study, Journal of Services Research, Vol. 4, No. 1, pp. 93-116

Salehi, S., Kheyrmand, M., Faraghian, H. .2015. Évaluation des effets de l'e-CRM sur la fidélité des clients. 9th International Conference, 16April, Isfahan- Iran.

Salim, A., Setiawan, M., Rofiaty, R., Rohman, F. .2018. Se concentrer sur le traitement des plaintes pour la satisfaction et la fidélisation des clients : The Case of Indonesian Public Banking. European Research Studies Journal, 21.3, 404-416.

Sharma, J., & Rather, R. .2015. Understanding The Customer Experience. International Journal on Customer Relations 3.2, 21-31.

Slack N, Chambers S et Johnson R 2007. Operations Management [Livre]. - Essex England : Pearson Education Limited, - 5th Edition.

Soltani, Z., & Navimipour, N. J. .2016. Customer relationship management mechanisms : A systematic review of the state of the art literature and recommendations for future research. Computers in Human Behavior, 61, 667-688.

Tao, F. .2014. Gestion de la relation client basée sur l'augmentation de la satisfaction du client. International Journal of Business and Social Science, 5.5.

Teixeira, J., Patrıcio, L., Nunes, N., Nobrega, L. .2012. Modélisation de l'expérience client : de l'expérience client à la conception du service. Journal of Service Management 23 .3, 362-376.

Thakur R & Summey, J. .2010, "Optimizing CRM : A Framework for Enhancing Profitability and increasing Lifetime Value of Customers", *Marketing Management Journal*, 20,No. 2, pp.140- 151

Tjiptono, Fandy et Gregorius Chandra. 2011. *Service, Quality and Satisfaction 3rd.* Andy, Yogyakarta.

Tseng, C., & Huang, L. .2012. A Study of the Impact of the e-CRM Perspective on Customer Satisfaction and Customer Loyalty-Exemplified by Bank Sinopac (Étude de l'impact de la perspective e-CRM sur la satisfaction et la fidélité des clients - exemple de la banque Sinopac). Journal of Economics and Behavioral Studies, 4.8, 467-476.

Unnikrishnan, A. & Johnson, B. .2012, "Customer Retention Strategies : La clé du succès et de la croissance de Bharat Sanchar Nigam Ltd", *Journal of Institute of Public Enterprise*, 35, n° 1, pp. 33 - 44.

Usman, U., Jalal, A., Musa, M. .2012. L'impact de la gestion électronique des relations avec les clients sur le comportement des consommateurs. International Journal of Advances in Engineering & Technology, 3.1, 500-504.

Vejacka, M., & Stofa, T. .2017. Influence de la sécurité et de la confiance sur l'adoption de la banque électronique en Slovaquie. E a M : Ekonomie a Management, 20.4, 135-150.

Vimala, V. .2016. Une étude évaluative sur la sécurité des services bancaires en ligne parmi les clients de banques indiennes sélectionnées. Amity Journal of Management Research 1.1, 63-79.

Vutete, C., tumeleng, M., Wadzanayi, K. .2015. Customer Perceptions of Service Recovery and Complaints Handling Efforts by Commercial Banks in Zimbabwe (Perception par les clients de la récupération des services et des efforts de traitement des plaintes par les banques commerciales au Zimbabwe). Journal of Business and Management, 17.7., 98-107.

Wang, M. Y. .2008. Measuring e-CRM service quality in the library context : a preliminary study. The Electronic Library, 26 .6, 896-911.

Winer, R. S., 2001. A framework for Customer Relationship Management", California Management Review, 43(4), pp. 89-105 *California Management Review,* 43(4), pp. 89-105.

WMG, W. M. G., 2009. *Strategic Marketing,* Coventry, UK : Université de Warwick.

Yin R K 2003. Recherche par étude de cas, conception et méthodes. [Journal]. - [s.l.] : Thousand Oaks. Californie. Sage Publications, troisième édition.

Zhang, M., Hu, M., Guo, L., Liu, W. .2017. Comprendre les relations entre l'expérience client, l'engagement et l'intention de bouche-à-oreille sur les communautés de marque en ligne. Internet Research, 27.4, 839-857.

Zhu, T., Liu, B., Song, M., Wu, J. .2021. Effects of Service Recovery Expectation and Recovery Justice on Customer Citizenship Behavior in the E-Retailing Context (Effets de l'attente de rétablissement du service et de la justice de rétablissement sur le comportement citoyen du client dans le contexte du commerce électronique). Frontiers in Psychology, 12, 1-15.

Zott, C., Amit, R. et Massa, L., 2011. The busines model : recent development and future research. *Journal of Management,* 37(4), pp. 1019-1042.

QUESTIONNAIRE CRM POUR LE PERSONNEL (CRMQFS)

Ce questionnaire est destiné à la gestion du marketing, à la recherche en vue d'un MBA avec la Business School Netherlands. Il est strictement destiné à des fins de recherche et les réponses seront traitées de manière confidentielle.

Veuillez répondre aux questions suivantes et indiquer votre réponse en cochant la case correspondante.

s/n	Thèmes	Tout à fait d'accord	Accorder	Pas d'accord	Pas du tout d'accord
1	L'organisation s'efforce de satisfaire ses clients				
2	Les réclamations des clients sont traitées rapidement				
3	Les clients satisfaits restent dans la banque et deviennent des ambassadeurs de l'organisation.				
4	La fidélisation des clients augmente la rentabilité				
5	Le personnel de la Zenith Bank comprend parfaitement les besoins des clients				
6	Les employés de la Zenith Bank sont davantage habilités à répondre efficacement aux besoins des clients.				
7	La Zenith Bank s'intéresse de près aux préférences de ses clients et communique efficacement avec eux.				

8	Zenith Bank souhaite vivement entretenir une relation de qualité avec ses clients.				
9	Les clients quittent les organisations en souhaitant y revenir				
10	Les clients recommandent l'organisation à leurs autres relations d'affaires et à leurs connaissances.				
11	Le personnel est capable d'établir une relation de confiance et de foi avec les clients.				
12	Plus le client est satisfait, plus la banque est rentable.				
13	Les membres du personnel prennent au sérieux la gestion des relations avec la clientèle à la Zenith Bank				
14	Zenith Bank offre des incitations spéciales et des privilèges à ses clients réguliers.				
15	Il y a une forte volonté d'entretenir une relation de qualité avec les clients.				
16	La Zenith Bank adopte la différenciation des produits et des services				
17	La stratégie de marketing actuellement adoptée par la Zenith Bank est efficace				

18	Le marketing mix comme élément essentiel de la Zenith Bank				
19	La Zenith Bank dispose d'une politique de prestation de services				

ANNEXE B

QUESTIONNAIRE CRM POUR LES CLIENTS FORTUNÉS
(CRMQFHNWC)

1. Le personnel sait résoudre les problèmes des clients

Tout à fait d'accord	Accorder	Pas d'accord	Pas du tout d'accord

1) Avoir une attitude chaleureuse

Tout à fait d'accord	Accorder	Pas d'accord	Pas du tout d'accord

2) Avoir une attitude avenante

Tout à fait d'accord	Accorder	Pas d'accord	Pas du tout d'accord

3) Servir efficacement la file d'attente à ce moment-là afin d'assurer sa progression régulière.

Tout à fait d'accord	Accorder	Pas d'accord	Pas du tout d'accord

4) Avoir une apparence personnelle soignée et professionnelle

Tout à fait d'accord	Accorder	Pas d'accord	Pas du tout d'accord

5) Avoir une apparence soignée

Tout à fait d'accord	Accorder	Pas d'accord	Pas du tout d'accord

6) Avoir une apparence soignée et professionnelle

Tout à fait d'accord	Accorder	Pas d'accord	Pas du tout d'accord

7) Être facilement joignable, c'est-à-dire facile à contacter.

Tout à fait d'accord	Accorder	Pas d'accord	Pas du tout d'accord

8) vous parler dans une langue que vous pouvez comprendre

Tout à fait d'accord	Accorder	Pas d'accord	Pas du tout d'accord

9) Utiliser un langage clair et compréhensible

Tout à fait d'accord	Accorder	Pas d'accord	Pas du tout d'accord

10) Utiliser un langage facile à comprendre

Tout à fait d'accord	Accorder	Pas d'accord	Pas du tout d'accord

11) Avoir une attitude respectueuse

Tout à fait d'accord	Accorder	Pas d'accord	Pas du tout d'accord

12) Avoir une attitude amicale

Tout à fait d'accord	Accorder	Pas d'accord	Pas du tout d'accord

13) Être disposé à vous aider

Tout à fait d'accord	Accorder	Pas d'accord	Pas du tout d'accord

14) Effectuer votre transaction rapidement, c'est-à-dire sans délai

Tout à fait d'accord	Accorder	Pas d'accord	Pas du tout d'accord

15) Effectuer votre transaction avec précision, c'est-à-dire correctement du premier coup

Tout à fait d'accord	Accorder	Pas d'accord	Pas du tout d'accord

16) Démontrer une compréhension de vos besoins financiers

Tout à fait d'accord	Accorder	Pas d'accord	Pas du tout d'accord

17) Faire preuve de compétence pour répondre à votre demande

Tout à fait d'accord	Accorder	Pas d'accord	Pas du tout d'accord

18) Faire preuve d'habileté dans la réalisation de la transaction

Tout à fait d'accord	Accorder	Pas d'accord	Pas du tout d'accord

19) Fournir des informations utiles concernant votre demande

Tout à fait d'accord	Accorder	Pas d'accord	Pas du tout d'accord

20) Fournir des informations utiles concernant votre transaction

Tout à fait d'accord	Accorder	Pas d'accord	Pas du tout d'accord

21) Faire un effort supplémentaire pour aider le client

Tout à fait d'accord	Accorder	Pas d'accord	Pas du tout d'accord

22) Traiter le client comme un individu unique

Tout à fait d'accord	Accorder	Pas d'accord	Pas du tout d'accord

QUESTIONNAIRE SUR LES FACTEURS DE DIFFÉRENCIATION POUR LA PRESTATION DE SERVICES DANS LES BANQUES (DFSDIBQ)

1) **Développement de produits**

   Compétence : Intégrer les préférences des clients et l'élasticité des caractéristiques dans la conception de chaque offre

Tout à fait d'accord	Accorder	Pas d'accord	Pas du tout d'accord

2) **Rentabilité des clients**

   Compétence : Déployer efficacement des analyses marketing et utiliser la valeur actuelle et potentielle pour identifier des prospects viables.

Tout à fait d'accord	Accorder	Pas d'accord	Pas du tout d'accord

3) **Stratégie de la branche**

   Compétence : Positionner les agences de manière à attirer de manière agressive les clients qu'elles souhaitent attirer.

Tout à fait d'accord	Accorder	Pas d'accord	Pas du tout d'accord

4) **Segmentation de la clientèle**

   Compétence : Identifier des segments significatifs et une proposition de valeur économiquement viable et distincte pour chaque client.

Tout à fait d'accord	Accorder	Pas d'accord	Pas du tout d'accord

5) **Développement de la relation client**

   Compétence : Faire en sorte que l'intégration des clients, y compris leur capacité à changer facilement de produit, soit rapide et efficace.

Tout à fait d'accord	Accorder	Pas d'accord	Pas du tout d'accord

6) **Clarté de la marque**

    Compétence : Le personnel et les clients décrivent la marque de manière efficace et cohérente.

Tout à fait d'accord	Accorder	Pas d'accord	Pas du tout d'accord

7) **Optimisation des ressources du canal**

    Compétence : Déployer efficacement les ressources des canaux pour créer de la valeur pour le client.

Tout à fait d'accord	Accorder	Pas d'accord	Pas du tout d'accord

8) **Expérience client**

    Compétence : Une expérience client unique permet à la banque d'obtenir une prime de prix.

Tout à fait d'accord	Accorder	Pas d'accord	Pas du tout d'accord

9) **Communication avec les clients**

    Compétence : Comprendre les attitudes et les objectifs qui motivent les décisions d'achat des clients choisis.

Tout à fait d'accord	Accorder	Pas d'accord	Pas du tout d'accord

10) **Achat de produits**

    Compétence : Les produits sont faciles à trouver, simples à acheter et peu compliqués.

Tout à fait d'accord	Accorder	Pas d'accord	Pas du tout d'accord

11) **Résolution des problèmes**

    Compétence : Les problèmes des clients sont résolus rapidement et efficacement.

Tout à fait d'accord	Accorder	Pas d'accord	Pas du tout d'accord

12) Planification des canaux

Compétence : Le comportement des transactions est saisi au niveau du client, il existe des coûts fiables basés sur l'activité pour toutes les transactions par tous les canaux et ces données sont utilisées efficacement pour la planification des canaux.

Tout à fait d'accord	Accorder	Pas d'accord	Pas du tout d'accord

13) Distribution multicanal intégrée

Compétence : Les informations et les activités des clients circulent de manière transparente sur tous les canaux, ce qui permet aux clients et au personnel d'effectuer et d'examiner des transactions en temps réel.

Tout à fait d'accord	Accorder	Pas d'accord	Pas du tout d'accord

14) Un service axé sur le client

Compétence : L'ensemble de l'organisation est organisée, évaluée et rémunérée pour servir les clients, indépendamment des divisions internes ou des silos.

Tout à fait d'accord	Accorder	Pas d'accord	Pas du tout d'accord

15) Amélioration continue des services

Compétence : La satisfaction et la fidélité des clients sont régulièrement mesurées et les résultats sont intégrés dans les initiatives d'amélioration du service qui "éliminent les points douloureux et créent des moments d'enchantement".

Tout à fait d'accord	Accorder	Pas d'accord	Pas du tout d'accord

16) **Gestion des clients**

Compétence : Les stocks de produits des clients font l'objet d'un suivi global et les clients sont contactés de manière proactive pour discuter de meilleures offres de produits lorsque leurs besoins évoluent.

Tout à fait d'accord	Accorder	Pas d'accord	Pas du tout d'accord

17) **Avantage relationnel**

Compétence : Offrir une valeur transparente et convaincante aux clients qui apportent plus d'affaires.

Tout à fait d'accord	Accorder	Pas d'accord	Pas du tout d'accord

18) **Des ventes axées sur le client**

Compétence : Le personnel doit en fin de compte être indépendant des produits et des canaux de distribution et être habilité à prendre les décisions appropriées au nom des clients.

Tout à fait d'accord	Accorder	Pas d'accord	Pas du tout d'accord

19) **Ventes axées sur les besoins des clients**

Compétence : L'organisation vise à fournir des solutions intégrées et basées sur les besoins des clients pour leur permettre de vivre les événements de leur vie.

Tout à fait d'accord	Accorder	Pas d'accord	Pas du tout d'accord

20) **Développement des ressources commerciales**

Compétence : L'organisation dispose d'un processus de vente institutionnel qui garantit que les ressources de vente sont effectivement alignées sur la valeur que la banque apporte au client et sur la valeur que le client apporte à l'organisation.

Tout à fait d'accord	Accorder	Pas d'accord	Pas du tout d'accord

Milton Keynes UK
Ingram Content Group UK Ltd.
UKHW040822250224
438359UK00001B/72